Tomaz Tadeu da Silva

Documentos de identidade
Uma introdução às teorias do currículo

Tomaz Tadeu da Silva

Documentos de identidade
Uma introdução às teorias do currículo

3ª edição
16ª reimpressão

autêntica

Copyright © 1999 Tomaz Tadeu da Silva

Todos os direitos reservados pela Autêntica Editora Ltda. Nenhuma parte desta publicação poderá ser reproduzida, seja por meios mecânicos, eletrônicos, seja via cópia xerográfica, sem a autorização prévia da Editora.

EDITORAS RESPONSÁVEIS
Rejane Dias
Cecília Martins

REVISÃO
Roberto Arreguy Maia
Cecília Martins

CAPA
Jairo Alvarenga Fonseca, composição sobre as pinturas "The teacher (sub a)" e "Jesus – Serene", de Marlene Dumas, reproduzidas com autorização da artista, do livro Marlene Dumas, de autoria de Dominic van den Boogerd, Barbara Bloom e Mariuccia Casadio, publicado pela editora Phaidon.

DIAGRAMAÇÃO
Waldênia Alvarenga

S586d Silva, Tomaz Tadeu da
Documentos de identidade: uma introdução às teorias do currículo / Tomaz Tadeu da Silva . – 3. ed.; 16. reimp. – Belo Horizonte: Autêntica, 2024.
156 p.

ISBN 978-85-86583-44-5

1. Educação 2. Currículos escolares. I. Título

CDU 37
371.214.1

GRUPO AUTÊNTICA

Belo Horizonte
Rua Carlos Turner, 420
Silveira . 31140-520
Belo Horizonte . MG
Tel.: (55 31) 3465 4500

São Paulo
Av. Paulista, 2.073 . Conjunto Nacional
Horsa I . Salas 404-406 . Bela Vista
01311-940 . São Paulo . SP
Tel.: (55 11) 3034 4468

www.grupoautentica.com.br
SAC: atendimentoleitor@grupoautentica.com.br

Agradecimentos

Meu muito obrigado às pessoas que leram as primeiras versões deste livro e me deram valiosas sugestões: Alfredo, Antonio Flavio, Gelsa, Guacira, Sandra. Agradeço, especialmente, à Guacira, o estímulo e o apoio que me fizeram sobreviver às solitárias sessões frente à tela do computador. Agradeço à Rejane, da Autêntica Editora, pelo apoio irrestrito à concepção do livro.

Sumário

I. INTRODUÇÃO

Teorias do currículo: o que é isto? — 11

II. DAS TEORIAS TRADICIONAIS ÀS TEORIAS CRÍTICAS

Nascem os "estudos sobre currículo": as teorias tradicionais — 21
Onde a crítica começa: ideologia, reprodução, resistência — 29
Contra a concepção técnica: os reconceptualistas — 37
A crítica neomarxista de Michael Apple — 45
O currículo como política cultural: Henry Giroux — 51
Pedagogia do oprimido *versus* pedagogia dos conteúdos — 57
O currículo como construção social: a "nova sociologia da educação" — 65
Códigos e reprodução cultural: Basil Bernstein — 71
Quem escondeu o currículo oculto? — 77

III. AS TEORIAS PÓS-CRÍTICAS

Diferença e identidade: o currículo multiculturalista — 85
As relações de gênero e a pedagogia feminista — 91
O currículo como narrativa étnica e racial — 99
Uma coisa "estranha" no currículo: a teoria *queer* — 105
O fim das metanarrativas: o pós-modernismo — 111
A crítica pós-estruturalista do currículo — 117
Uma teoria pós-colonialista do currículo — 125
Os Estudos Culturais e o currículo — 131
A pedagogia como cultura, a cultura como pedagogia — 139

IV. DEPOIS DAS TEORIAS CRÍTICAS E PÓS-CRÍTICAS

Currículo: uma questão de saber, poder e identidade — 145

REFERÊNCIAS — 151

I. INTRODUÇÃO

Teorias do currículo: o que é isto?

O que é uma teoria do currículo? Quando se pode dizer que se tem uma "teoria do currículo"? Onde começa e como se desenvolve a história das teorias do currículo? O que distingue uma "teoria do currículo" da teoria educacional mais ampla? Quais são as principais teorias do currículo? O que distingue as teorias tradicionais das teorias críticas do currículo? E o que distingue as teorias críticas do currículo das teorias pós-críticas?

Podemos começar pela discussão da própria noção de "teoria". Em geral, está implícita, na noção de teoria, a suposição de que a teoria "descobre" o "real", de que há uma correspondência entre a "teoria" e a "realidade". De uma forma ou de outra, a noção envolvida é sempre representacional, especular, mimética: a teoria representa, reflete, espelha a realidade. A teoria é uma representação, uma imagem, um reflexo, um signo de uma realidade que – cronologicamente, ontologicamente – a precede. Assim, para já entrar no nosso tema, uma teoria do currículo começaria por supor que existe, "lá fora", esperando para ser descoberta, descrita e explicada, uma coisa chamada "currículo". O currículo seria um objeto que precederia a teoria, a qual só entraria em cena para descobri-lo, descrevê-lo, explicá-lo.

Da perspectiva do pós-estruturalismo, hoje predominante na análise social e cultural, é precisamente esse viés representacional que torna problemático o próprio conceito de teoria. De acordo com essa visão, é impossível separar a descrição simbólica, linguística da realidade – isto é, a teoria – de seus "efeitos de realidade". A "teoria" não se limitaria, pois, a descobrir, a descrever, a explicar a realidade: a teoria estaria irremediavelmente implicada na sua produção. Ao descrever um "objeto", a teoria, de certo modo, inventa-o. O objeto que a teoria supostamente descreve é, efetivamente, um produto de sua criação.

Nessa direção, faria mais sentido falar não em teorias, mas em discursos ou textos. Ao deslocar a ênfase do conceito de teoria para o de discurso, a perspectiva pós-estruturalista quer destacar precisamente o envolvimento das descrições linguísticas da "realidade" em sua produção. Uma teoria supostamente descobre e descreve um objeto que tem uma existência independente relativamente à teoria. Um discurso, em troca, produz seu próprio objeto: a existência do objeto é inseparável da trama linguística que supostamente o descreve. Para voltar ao nosso exemplo do "currículo", um discurso sobre o currículo – aquilo que, numa outra concepção, seria uma teoria – não se restringe a representar uma coisa que seria o "currículo", que existiria antes desse discurso e que está ali, apenas à espera de ser descoberto e descrito. Um discurso sobre o currículo, mesmo que pretenda apenas descrevê-lo "tal como ele realmente é", o que efetivamente faz é produzir uma noção particular de currículo. A suposta descrição é, efetivamente, uma criação. Do ponto de vista do conceito pós-estruturalista de discurso, a "teoria" está envolvida num processo circular: ela descreve como uma descoberta algo que ela própria criou. Ela primeiro cria e depois descobre, mas, por um artifício retórico, aquilo que ela cria acaba aparecendo como uma descoberta.

Podemos ver como isso funciona num caso concreto. Provavelmente o currículo aparece pela primeira vez como um objeto específico de estudo e pesquisa nos Estados Unidos dos anos vinte. Em conexão com o processo de industrialização e os movimentos imigratórios, que intensificavam a massificação da escolarização, houve um impulso, por parte de pessoas ligadas sobretudo à administração da educação, para racionalizar o processo de construção, desenvolvimento e testagem de currículos. As ideias desse grupo encontram sua máxima expressão no livro de Bobbitt, *The curriculum* (1918). Aqui, o currículo é visto como um processo de racionalização de resultados educacionais, cuidadosa e rigorosamente especificados e medidos. O modelo institucional dessa concepção de currículo é a fábrica. Sua inspiração "teórica" é a "administração científica", de Taylor. No modelo de currículo de Bobbitt, os estudantes devem ser processados como um produto fabril. No discurso curricular de Bobbitt, pois, o currículo é supostamente isso: a especificação precisa de objetivos, procedimentos e métodos para a obtenção de resultados que possam ser precisamente mensurados. Se pensamos no modelo de Bobbitt através da noção tradicional de teoria, ele teria descoberto e descrito o que, verdadeiramente, é o "currículo". Nesse entendimento, o "currículo" sempre foi isso que Bobbitt diz ser: ele se limitou a descobri-lo e a descrevê-lo. Da perspectiva da noção de "discurso", entretanto, não existe nenhum objeto "lá fora" que se possa chamar de "currículo". O que Bobbitt fez, como outros antes e depois dele, foi criar uma noção particular de "currículo". Aquilo que Bobbitt dizia ser "currículo" passou, efetivamente, a ser o "currículo". Para um número considerável de escolas, de professores, de estudantes, de administradores educacionais, "aquilo" que Bobbitt definiu como sendo currículo *tornou-se* uma realidade.

A noção de discurso teria uma vantagem adicional. Ela nos dispensaria de fazer o esforço de separar – como seríamos obrigados, se ficássemos limitados à noção tradicional de teoria – asserções sobre a realidade de asserções sobre como deveria ser a realidade. Como sabemos, as chamadas "teorias do currículo", assim como as teorias educacionais mais amplas, estão recheadas de afirmações sobre como as coisas deveriam ser. Da perspectiva da noção de discurso, estamos dispensados dessa operação, na medida em que tanto supostas asserções sobre a realidade quanto asserções sobre como a realidade deveria ser têm "efeitos de realidade" similares. Para dizer de outra forma, supostas asserções sobre a realidade acabam funcionando como se fossem asserções sobre como a realidade deveria ser. Elas têm o mesmo efeito: o de fazer com que a realidade se torne o que elas dizem que é ou deveria ser. Para retomar o exemplo de Bobbitt, é irrelevante saber se ele está dizendo que o currículo é, efetivamente, um processo industrial e administrativo ou, em vez disso, que o currículo *deveria* ser um processo industrial e administrativo. O efeito final, de uma forma ou outra, é que o currículo se torna um processo industrial e administrativo.

Apesar dessas advertências, a utilização da palavra "teoria" está muito amplamente difundida para poder ser simplesmente abandonada. Em vez de simplesmente abandoná-la, parece suficiente adotar uma compreensão da noção de "teoria" que nos mantenha atentos ao seu papel ativo na constituição daquilo que ela supostamente descreve. É nesse sentido que a palavra "teoria", ao lado das palavras "discurso" e "perspectiva", será utilizada ao longo deste livro.

A adoção de uma noção de teoria que levasse em conta seus efeitos discursivos nos pouparia de uma outra dor de cabeça: a das definições. Todo livro de currículo que se preze inicia com uma boa discussão sobre o que é, afinal, "currículo". Em geral, começam com as definições dadas pelo dicionário para, depois, percorrer as definições dadas por uns quantos manuais de currículo. Na perspectiva aqui adotada, que vê as "teorias" do currículo a partir da noção de discurso, as definições de currículo não são utilizadas para capturar, finalmente, o verdadeiro significado de currículo, para decidir qual delas mais se aproxima daquilo que o currículo essencialmente é, mas, em vez disso, para mostrar que aquilo que o currículo é depende precisamente da forma como ele é definido pelos diferentes autores e teorias. Uma definição não nos revela o que é, essencialmente, o currículo: uma definição nos revela o que uma determinada teoria pensa o que o currículo é. A abordagem aqui é muito menos ontológica (qual é o verdadeiro "ser" do currículo?) e muito mais histórica (como, em diferentes momentos, em diferentes teorias, o currículo tem sido definido?).

Talvez mais importante e mais interessante do que a busca da definição última de "currículo" seja a de saber quais questões uma "teoria" do currículo ou um discurso curricular busca responder. Percorrendo as diferentes e diversas teorias do currículo, quais questões comuns elas tentam, explícita ou implicitamente, responder? Além das questões comuns, que questões específicas caracterizam as diferentes teorias do currículo? Como essas questões específicas distinguem as diferentes teorias do currículo?

A questão central que serve de pano de fundo para qualquer teoria do currículo é a de saber qual conhecimento deve ser ensinado. De uma forma mais sintética a questão central é: o quê? Para responder a essa questão, as diferentes teorias podem recorrer a discussões sobre a natureza humana, sobre a natureza da aprendizagem ou sobre a natureza do conhecimento, da cultura e da sociedade. As diferentes teorias se diferenciam, inclusive, pela diferente ênfase que dão a esses elementos. Ao final, entretanto, elas têm que voltar à questão básica: o que eles ou elas devem saber? Qual conhecimento ou saber é considerado importante ou válido ou essencial para merecer ser considerado parte do currículo?

A pergunta "o quê?", por sua vez, nos revela que as teorias do currículo estão envolvidas, explícita ou implicitamente, em desenvolver critérios de seleção que justifiquem a resposta que darão àquela questão. O currículo é sempre o resultado de uma seleção: de um universo mais amplo de conhecimentos e saberes seleciona-se aquela parte que vai constituir, precisamente, o currículo. As teorias do currículo, tendo decidido quais conhecimentos devem ser selecionados, buscam justificar por que "esses conhecimentos" e não "aqueles" devem ser selecionados.

Nas teorias do currículo, entretanto, a pergunta "o quê?" nunca está separada de uma outra importante pergunta: "o que eles ou elas devem ser?" ou, melhor, "o que eles ou elas devem se tornar?". Afinal, um currículo busca precisamente modificar as pessoas que vão "seguir" aquele currículo. Na verdade, de alguma forma, essa pergunta precede à pergunta "o quê?", na medida em que as teorias do currículo deduzem o tipo de conhecimento considerado importante justamente a partir de descrições sobre o tipo de pessoa que elas consideram ideal. Qual é o tipo de ser humano desejável para um determinado tipo de sociedade? Será a pessoa racional e ilustrada do ideal humanista de educação? Será a pessoa otimizadora e competitiva dos atuais modelos neoliberais de educação? Será a pessoa ajustada aos ideais de cidadania do moderno estado-nação? Será a pessoa desconfiada e crítica dos arranjos sociais existentes preconizada nas teorias educacionais críticas? A cada um desses "modelos" de ser humano corresponderá um tipo de conhecimento, um tipo de currículo.

No fundo das teorias do currículo está, pois, uma questão de "identidade" ou de "subjetividade". Se quisermos recorrer à etimologia da palavra "currículo", que vem do latim *curriculum*, "pista de corrida", podemos dizer que no curso dessa "corrida" que é o currículo acabamos por nos tornar o que somos. Nas discussões cotidianas, quando pensamos em currículo pensamos apenas em conhecimento, esquecendo-nos de que o conhecimento que constitui o currículo está inextricavelmente, centralmente, vitalmente, envolvido naquilo que somos, naquilo que nos tornamos: na nossa identidade, na nossa subjetividade. Talvez possamos dizer que, além de uma questão de conhecimento, o currículo é também uma questão de identidade. É sobre essa questão, pois, que se concentram também as teorias do currículo.

Da perspectiva pós-estruturalista, podemos dizer que o currículo é também uma questão de poder e que as teorias do currículo, na medida em que buscam dizer o que o currículo deve ser, não podem deixar de estar envolvidas em questões de poder. Selecionar é uma operação de poder. Privilegiar um tipo de conhecimento é uma operação de poder. Destacar, entre as múltiplas possibilidades, uma identidade ou subjetividade como sendo a ideal é uma operação de poder. As teorias do currículo não estão, neste sentido, situadas num campo "puramente" epistemológico, de competição entre "puras" teorias. As teorias do currículo estão ativamente envolvidas na atividade de garantir o consenso, de obter hegemonia. As teorias do currículo estão situadas num campo epistemológico *social*. As teorias do currículo estão no centro de um território contestado.

É precisamente a questão do poder que vai separar as teorias tradicionais das teorias críticas e pós-críticas do currículo. As teorias tradicionais pretendem ser apenas isso: "teorias" neutras, científicas, desinteressadas. As teorias críticas e as teorias pós-críticas, em contraste, argumentam que nenhuma teoria é neutra, científica ou desinteressada, mas que está, inevitavelmente, implicada em relações de poder. As teorias tradicionais, ao aceitar mais facilmente o *status quo*, os conhecimentos e os saberes dominantes, acabam por se concentrar em questões técnicas. Em geral, elas tomam a resposta à questão "o quê?" como dada, como óbvia e por isso buscam responder a uma outra questão: "como?". Dado que temos esse conhecimento (inquestionável?) a ser transmitido, qual é a melhor forma de transmiti-lo? As teorias tradicionais se preocupam com questões de organização. As teorias críticas e pós-críticas, por sua vez, não se limitam a perguntar "o quê?", mas submetem este "quê" a um constante questionamento. Sua questão central seria, pois, não tanto "o quê?", mas "por quê?". Por que esse conhecimento e não outro? Quais interesses fazem com que esse conhecimento e não outro esteja no currículo? Por que privilegiar um determinado tipo de identidade ou subjetividade e não outro? As teorias críticas e pós-críticas de currículo estão preocupadas com as conexões entre saber, identidade e poder.

Como vimos, uma teoria define-se pelos conceitos que utiliza para conceber a "realidade". Os conceitos de uma teoria dirigem nossa atenção para certas coisas que sem eles não "veríamos". Os conceitos de uma teoria organizam e estruturam nossa forma de ver a "realidade". Assim, uma forma útil de distinguirmos as diferentes teorias do currículo é através do exame dos diferentes conceitos que elas empregam. Neste sentido, as teorias críticas de currículo, ao deslocar a ênfase dos conceitos simplesmente pedagógicos de ensino e aprendizagem para os conceitos de ideologia e poder, por exemplo, nos permitiram ver a educação de uma nova perspectiva. Da mesma forma, ao enfatizarem o conceito de discurso em vez do conceito de ideologia, as teorias pós-críticas de currículo efetuaram um outro importante deslocamento na nossa maneira de conceber o currículo. Por isso, à medida que percorrermos, nos tópicos a seguir, as diferentes teorias do currículo, pode ser útil ter em mente o seguinte quadro, que resume as grandes categorias de teoria de acordo com os conceitos que elas, respectivamente, enfatizam.

TEORIAS TRADICIONAIS
ensino
aprendizagem
avaliação
metodologia
didática
organização
planejamento
eficiência
objetivos

TEORIAS CRÍTICAS
ideologia
reprodução cultural e social
poder
classe social
capitalismo
relações sociais de produção
conscientização
emancipação e libertação
currículo oculto
resistência

TEORIAS PÓS-CRÍTICAS
identidade, alteridade, diferença
subjetividade
significação e discurso
saber-poder
representação
cultura
gênero, raça, etnia, sexualidade
multiculturalismo

II. DAS TEORIAS TRADICIONAIS ÀS TEORIAS CRÍTICAS

Nascem os "estudos sobre currículo": as teorias tradicionais

A existência de teorias sobre o currículo está identificada com a emergência do campo do currículo como um campo profissional, especializado, de estudos e pesquisas sobre o currículo. As professoras e os professores de todas as épocas e lugares sempre estiveram envolvidos, de uma forma ou outra, com o currículo, antes mesmo que o surgimento de uma palavra especializada como "currículo" pudesse designar aquela parte de suas atividades que hoje conhecemos como "currículo". A emergência do currículo como campo de estudos está estreitamente ligada a processos tais como a formação de um corpo de especialistas sobre currículo, a formação de disciplinas e departamentos universitários sobre currículo, a institucionalização de setores especializados sobre currículo na burocracia educacional do estado e o surgimento de revistas acadêmicas especializadas sobre currículo.

De certa forma, todas as teorias pedagógicas e educacionais são *também* teorias sobre o currículo. As diferentes filosofias educacionais e as diferentes pedagogias, em diferentes épocas, bem antes da institucionalização do estudo do currículo como campo especializado, não deixaram de fazer especulações sobre o currículo, mesmo que não utilizassem o termo.

Mas as teorias educacionais e pedagógicas não são, estritamente falando, teorias sobre o currículo. Há antecedentes, na história da educação ocidental moderna, institucionalizada, de preocupações com a organização da atividade educacional e até mesmo de uma atenção consciente à questão do que ensinar. A *Didactica magna*, de Comenius, é um desses exemplos. A própria emergência da palavra *curriculum*, no sentido que modernamente atribuímos ao termo, está ligada a preocupações de organização e método, como ressaltam as pesquisas de David Hamilton. O termo *curriculum*, entretanto, no sentido que hoje lhe damos, só passou a ser utilizado em países europeus como França, Alemanha, Espanha, Portugal muito recentemente, sob influência da literatura educacional americana.

É precisamente nessa literatura que o termo surge para designar um campo especializado de estudos. Foram talvez as condições associadas com a institucionalização da educação de massas que permitiram que o campo de estudos do currículo surgisse, nos Estados Unidos, como um campo profissional especializado. Estão entre essas condições: a formação de uma burocracia estatal encarregada dos negócios ligados à educação; o estabelecimento da educação como um objeto próprio de estudo científico; a extensão da educação escolarizada em níveis cada vez mais altos a segmentos cada vez maiores da população; as preocupações com a manutenção de uma identidade nacional, como resultado das sucessivas ondas de imigração; o processo de crescente industrialização e urbanização.

É nesse contexto que Bobbitt escreve, em 1918, o livro que iria ser considerado o marco no estabelecimento do currículo como um campo especializado de estudos: The curriculum. O livro de Bobbitt é escrito num momento crucial da história da educação estadunidense, num momento em que diferentes forças econômicas, políticas e culturais procuravam moldar os objetivos e as formas da educação de massas de acordo com suas diferentes e particulares visões. É nesse momento que se busca responder questões cruciais sobre as finalidades e os contornos da escolarização de massas. Quais os objetivos da educação escolarizada: formar o trabalhador especializado ou proporcionar uma educação geral, acadêmica, à população? O que se deve ensinar: as habilidades básicas de escrever, ler e contar; as disciplinas acadêmicas humanísticas; as disciplinas científicas; as habilidades práticas necessárias para as ocupações profissionais? Quais as fontes principais do conhecimento a ser ensinado: o conhecimento acadêmico; as disciplinas científicas; os saberes profissionais do mundo ocupacional adulto? O que deve estar no centro do ensino: os saberes "objetivos" do conhecimento organizado ou as percepções e as experiências "subjetivas" das crianças e dos jovens? Em termos sociais, quais devem ser as finalidades da educação: ajustar as crianças e os jovens à sociedade tal como ela existe ou prepará-los para transformá-la; a preparação para a economia ou a preparação para a democracia?

As respostas de Bobbitt eram claramente conservadoras, embora sua intervenção buscasse transformar radicalmente o sistema educacional. Bobbitt propunha que a escola funcionasse da mesma forma que qualquer outra empresa comercial ou industrial. Tal como uma indústria, Bobbit queria que o sistema educacional fosse capaz de especificar precisamente que resultados pretendia obter, que pudesse estabelecer métodos para obtê-los de forma precisa e formas de mensuração que permitissem saber com precisão se eles foram realmente alcançados. O sistema educacional deveria começar por estabelecer de forma precisa quais são seus objetivos. Esses objetivos, por sua vez, deveriam se basear num exame daquelas habilidades necessárias para exercer com eficiência as ocupações profissionais da vida adulta. O modelo de Bobbitt estava claramente voltado para a economia. Sua palavra-chave era "eficiência". O sistema educacional deveria ser tão eficiente quanto qualquer outra empresa econômica. Bobbitt queria transferir para a escola o modelo de organização proposto por Frederick Taylor. Na proposta de Bobbitt, a educação deveria funcionar de acordo com os princípios da administração científica propostos por Taylor.

A orientação dada por Bobbitt iria constituir uma das vertentes dominantes da educação estadunidense no restante do século XX. Mas ela iria concorrer com vertentes consideradas mais progressistas, como a liderada por John Dewey, por exemplo. Bem antes de Bobbitt, Dewey tinha escrito, em 1902, um livro que tinha a palavra "currículo" no título, *The child and the curriculum*. Neste livro, Dewey estava muito mais preocupado com a construção da democracia que com o funcionamento da economia. Também em contraste com Bobbitt, ele achava importante levar em consideração, no planejamento curricular, os interesses e as experiências das crianças e jovens. Para Dewey, a educação não era tanto uma preparação para a vida ocupacional adulta, como um local de vivência e prática direta de princípios democráticos. A influência de Dewey, entretanto, não iria se refletir da mesma forma que a de Bobbitt na formação do currículo como campo de estudos.

A atração e influência de Bobbitt devem-se provavelmente ao fato de que sua proposta parecia permitir à educação tornar-se científica. Não havia por que discutir abstratamente as finalidades últimas da educação: elas estavam dadas pela própria vida ocupacional adulta. Tudo o que era preciso fazer era pesquisar e mapear quais eram as habilidades necessárias para as diversas ocupações. Com um mapa preciso dessas habilidades, era possível, então, organizar um currículo que permitisse sua aprendizagem. A tarefa do especialista em currículo consistia, pois, em fazer o levantamento dessas habilidades, desenvolver currículos que permitissem que essas habilidades fossem desenvolvidas e, finalmente, planejar e elaborar instrumentos de medição que possibilitassem dizer com precisão se elas foram realmente aprendidas.

Na perspectiva de Bobbitt, a questão do currículo se transforma numa questão de organização. O currículo é simplesmente uma mecânica. A atividade supostamente científica do especialista em currículo não passa de uma atividade burocrática. Não é por acaso que o conceito central, nessa perspectiva, é "desenvolvimento curricular", um conceito que iria dominar a literatura estadunidense sobre currículo até os anos 80. Numa perspectiva que considera que as finalidades da educação estão dadas pelas exigências profissionais da vida adulta, o currículo se resume a uma questão de desenvolvimento, a uma questão técnica.

Tal como na indústria, é fundamental, na educação, de acordo com Bobbitt, que se estabeleçam padrões. O estabelecimento de padrões é tão importante na educação quanto, digamos, numa usina de fabricação de aços, pois, de acordo com Bobbitt, "a educação, tal como a usina de fabricação de aço, é um processo de moldagem". O exemplo dado pelo próprio Bobbitt é esclarecedor. Numa oitava série, ilustra ele, algumas crianças realizam adições "a um ritmo de 35 combinações por minuto", enquanto outras, "ao lado, adicionam a um ritmo médio de 105 combinações por minuto". Para Bobbitt, o estabelecimento de um padrão permitiria acabar com essa variação. Nas últimas décadas, diz ele, os educadores vieram a "perceber que é possível estabelecer padrões definitivos para os vários produtos educacionais. A capacidade para adicionar a uma velocidade de 65 combinações por minuto [...] é uma especificação tão definida quanto a que se pode estabelecer para qualquer aspecto do trabalho da fábrica de aços".[1]

O modelo de currículo de Bobbitt iria encontrar sua consolidação definitiva num livro de Ralph Tyler, publicado em 1949. O paradigma estabelecido por Tyler iria dominar o campo do currículo nos Estados Unidos, com influência em diversos países, incluindo o Brasil, pelas próximas quatro décadas. Com o livro de Tyler, os estudos sobre currículo se tornam decididamente estabelecidos em torno da ideia de organização e desenvolvimento. Apesar de admitir a filosofia e a sociedade como possíveis fontes de objetivos para o currículo, o paradigma formulado por Tyler centra-se em questões de organização e desenvolvimento. Tal como no modelo de Bobbitt, o currículo é, aqui, essencialmente, uma questão técnica. Vejamos, de forma sintética, o modelo proposto por Tyler.

A organização e o desenvolvimento do currículo deve buscar responder, de acordo com Tyler, quatro questões básicas: "1. que objetivos educacionais deve a escola procurar atingir?; 2. que experiências educacionais podem ser oferecidas que tenham probabilidade de alcançar esses propósitos?; 3. como organizar eficientemente essas experiências educacionais?; 4. como podemos ter certeza de que esses objetivos estão sendo alcançados?" As quatro perguntas de Tyler correspondem à divisão tradicional da atividade educacional: "currículo" (1), "ensino e instrução" (2 e 3) e "avaliação" (4).

Em termos estritos, pois, apenas a primeira questão diz respeito a "currículo". É precisamente a esta questão que Tyler dedica a maior parte de seu livro. Tyler identifica três fontes nas quais se devem buscar os objetivos da educação, afirmando que cada uma delas deve ser igualmente levada em consideração: 1. estudos sobre os próprios aprendizes; 2. estudos sobre a vida contemporânea fora da educação; 3. sugestões dos especialistas das diferentes disciplinas. Aqui, Tyler expande o modelo de Bobbitt, ao incluir duas fontes que não eram contempladas por Bobbitt: a psicologia e as disciplinas acadêmicas. A segunda fonte é uma demonstração de certa continuidade relativamente ao modelo de Bobbitt.

Essas fontes gerariam, entretanto, um número excessivo de objetivos, os quais poderiam, além disso, ser mutuamente contraditórios. Para consertar essa situação, Tyler sugere submetê-los a duas espécies de "filtros": a filosofia social e educacional com a qual a escola está comprometida e a psicologia da aprendizagem.

Tyler insiste na afirmação de que os objetivos devem ser claramente definidos e estabelecidos. Os objetivos devem ser formulados em termos de comportamento explícito. Essa orientação comportamentalista iria se radicalizar, aliás, nos anos 60, com o revigoramento de uma tendência fortemente tecnicista na educação estadunidense, representada, sobretudo, por um livro de Robert Mager, *Análise de objetivos*, também influente no Brasil na mesma época. É apenas através dessa formulação precisa, detalhada e comportamental dos objetivos que se pode responder às outras perguntas que constituem o paradigma de Tyler. A decisão sobre quais experiências devem ser propiciadas e sobre como organizá-las depende dessa especificação precisa dos objetivos. Da mesma forma, é impossível avaliar, como adiantava Bobbitt, sem que se estabelecesse com precisão quais são os padrões de referência.

É interessante observar que tanto os modelos mais tecnocráticos, como os de Bobbitt e Tyler, quanto os modelos mais progressistas de currículo, como o de Dewey, que emergiram no início do século XX, nos Estados Unidos, constituíam, de certa forma, uma reação ao currículo clássico, humanista, que havia dominado a educação secundária desde sua institucionalização. Como se sabe, esse currículo era herdeiro do currículo das chamadas "artes liberais" que, vindo da Antiguidade Clássica, se estabelecera na educação universitária da Idade Média e do Renascimento, na forma dos chamados *trivium* (gramática, retórica, dialética) e *quadrivium* (astronomia, geometria, música, aritmética). Obviamente, o currículo clássico humanista tinha implicitamente uma "teoria" do currículo. Basicamente, nesse modelo, o objetivo era introduzir os estudantes ao repertório das grandes obras literárias e artísticas das heranças clássicas grega e latina, incluindo o domínio das respectivas línguas. Supostamente, essas obras encarnavam as melhores realizações e os mais altos ideais do espírito humano. O conhecimento dessas obras não estava separado do objetivo de formar um homem (sim, o macho da espécie) que encarnasse esses ideais.

Cada um dos modelos curriculares contemporâneos, o tecnocrático e o progressista, ataca o modelo humanista por um flanco. O tecnocrático destacava a abstração e a suposta inutilidade — para a vida moderna e para as atividades laborais — das habilidades e conhecimentos cultivados pelo currículo clássico. O latim e o grego — e suas respectivas literaturas — pouco serviam como preparação para o trabalho da vida profissional contemporânea. Não se aceitava, aqui, nem mesmo os argumentos que no século XIX tinham sido desenvolvidos pela perspectiva do "exercício mental", segundo a qual a aprendizagem de matérias como o latim, por exemplo, servia para exercitar os "músculos mentais", de uma forma que podia se aplicar a outros conteúdos. O modelo progressista, sobretudo aquele "centrado na criança", atacava o currículo clássico por seu distanciamento dos interesses e das experiências das crianças e dos jovens. Por estar centrado nas matérias clássicas, o currículo humanista simplesmente desconsiderava a psicologia infantil. Ambas as contestações só puderam surgir, obviamente, no contexto da ampliação da escolarização de massas, sobretudo da escolarização secundária que era o foco do currículo clássico humanista. O currículo clássico só pôde sobreviver no contexto de uma escolarização secundária de acesso restrito à classe dominante. A democratização da escolarização secundária significou também o fim do currículo humanista clássico.

Os modelos mais tradicionais de currículo, tanto os técnicos quanto os progressistas de base psicológica, por sua vez, só iriam ser definitivamente contestados, nos Estados Unidos, a partir dos anos 70, com o chamado movimento de "reconceptualização do currículo". Mas esta é uma outra história.

Leituras

HAMILTON, David. "Sobre as origens dos termos classe e curriculum". *Teoria e educação*, 6, 1992: p.33-51.

KLIEBARD, Herbert M. "Os princípios de Tyler". In Rosemary G. Messick, Lyra Paixão e Lília da R. Bastos (org.). *Currículo: análise e debate*. Rio: Zahar, 1980: p.39-52.

KLIEBARD, Herbert M. "Burocracia e teoria do currículo". In Rosemary G. Messick, Lyra Paixão e Lília da R. Bastos (org.). *Currículo: análise e debate*. Rio: Zahar, 1980: p.107-126.

MOREIRA, Antonio F. B. e SILVA, Tomaz T. da. "Sociologia e teoria crítica do currículo: uma introdução". In Antonio F. B. Moreira e Tomaz T. da Silva (orgs.). *Currículo, sociedade e cultura*. São Paulo: Cortez, 1999: p.7-38.

TYLER, Ralph W. *Princípios básicos de currículo e ensino*. Porto Alegre: Globo, 1974.

Nota

[1] Para não sobrecarregar o texto, as fontes de todas as citações estão listadas ao final do livro, na seção "Referências".

Onde a crítica começa:
ideologia, reprodução, resistência

Como sabemos, a década de 60 foi uma década de grandes agitações e transformações. Os movimentos de independência das antigas colonias europeias; os protestos estudantis na França e em vários outros países; a continuação do movimento dos direitos civis nos Estados Unidos; os protestos contra a guerra do Vietnã; os movimentos de contracultura; o movimento feminista; a liberação sexual; as lutas contra a ditadura militar no Brasil: são apenas alguns dos importantes movimentos sociais e culturais que caracterizaram os anos 60. Não por coincidência foi também nessa década que surgiram livros, ensaios, teorizações que colocavam em xeque o pensamento e a estrutura educacional tradicionais.

É compreensível que as pessoas envolvidas em revisar esses movimentos tendam a reivindicar a precedência para aqueles movimentos iniciados em seu próprio país. Assim, para a literatura educacional estadunidense, a renovação da teorização sobre currículo parece ter sido exclusividade do chamado "movimento de reconceptualização". Da mesma forma, a literatura inglesa reivindica prioridade para a chamada "nova sociologia da educação", um movimento identificado com o sociólogo inglês Michael Young. Uma revisão brasileira não deixaria de assinalar o importante papel da obra de Paulo Freire, enquanto os franceses certamente não deixariam de destacar o papel dos ensaios fundamentais de Althusser, Bourdieu e Passeron, Baudelot e Establet. Uma avaliação mais equilibrada argumentaria, entretanto, que o movimento de renovação da teoria educacional que iria abalar a teoria educacional tradicional, tendo influência não apenas teórica, mas inspirando verdadeiras revoluções nas próprias experiências educacionais, "explodiu" em vários locais ao mesmo tempo.

As teorias críticas do currículo efetuam uma completa inversão nos fundamentos das teorias tradicionais. Como vimos, os modelos tradicionais, como o de Tyler, por exemplo, não estavam absolutamente preocupados em fazer qualquer tipo de questionamento mais radical relativamente aos arranjos educacionais existentes, às formas dominantes de conhecimento ou, de modo mais geral, à forma social dominante.

Ao tomar o *status quo* como referência desejável, as teorias tradicionais se concentravam, pois, nas formas de organização e elaboração do currículo. Os modelos tradicionais de currículo restringiam-se à atividade técnica de *como fazer* o currículo. As teorias críticas sobre o currículo, em contraste, começam por colocar em questão precisamente os pressupostos dos presentes arranjos sociais e educacionais. As teorias críticas desconfiam do *status quo*, responsabilizando-o pelas desigualdades e injustiças sociais. As teorias tradicionais eram teorias de aceitação, ajuste e adaptação. As teorias críticas são teorias de desconfiança, questionamento e transformação radical. Para as teorias críticas o importante não é desenvolver técnicas de *como fazer* o currículo, mas desenvolver conceitos que nos permitam compreender o que o currículo *faz*.

É preciso fazer uma distinção, inicialmente, entre, de um lado, as teorizações críticas mais gerais como, por exemplo, o importante ensaio de Althusser sobre a ideologia ou o livro conjunto de Bourdieu e Passeron, *A reprodução*, e, de outro, aquelas teorizações centradas de forma mais localizada em questões de currículo, como, por exemplo, a "nova sociologia da educação" ou o "movimento de reconceptualização" da teoria curricular. É importante, de qualquer forma, revisar também aquelas teorias críticas mais gerais sobre educação pela influência que teriam sobre o desenvolvimento da teoria crítica do currículo. Poderíamos começar por uma breve cronologia dos marcos fundamentais tanto da teoria educacional crítica mais geral quanto da teoria crítica sobre o currículo:

1970 – Paulo Freire, *A pedagogia do oprimido*

1970 – Louis Althusser, *A ideologia e os aparelhos ideológicos de estado*

1970 – Pierre Bourdieu e Jean-Claude Passeron, *A reprodução*

1971 – Baudelot e Establet, *L'école capitaliste en France*

1971 – Basil Bernstein, *Class, codes and control, v. 1*

1971 – Michael Young, *Knowledge and control: new directions for the sociology of education*

1976 – Samuel Bowles e Herbert Gintis, *Schooling in capitalist America*

1976 – William Pinar e Madeleine Grumet, *Toward a poor curriculum*

1979 – Michael Apple, *Ideologia e currículo*

O agora famoso ensaio do filósofo francês Louis Althusser, *A ideologia e os aparelhos ideológicos de Estado*, iria fornecer as bases para as críticas marxistas da educação que se seguiriam. Particularmente, Althusser, nesse ensaio, iria fazer a importante conexão entre educação e ideologia que seria central às subsequentes teorizações críticas da educação e do currículo baseadas na análise marxista da sociedade. A referência que Althusser faz à educação neste breve ensaio é bastante sumária. Essencialmente, argumenta Althusser, a permanência da sociedade capitalista depende da reprodução de seus componentes propriamente econômicos (força de trabalho, meios de produção) e da reprodução de seus componentes ideológicos. Além da continuidade das condições de sua produção material, a sociedade capitalista não se sustentaria se não houvesse mecanismos e instituições encarregadas de garantir que o *status quo* não fosse contestado. Isso pode ser obtido através da força ou do convencimento, da repressão ou da ideologia. O primeiro mecanismo está a cargo dos aparelhos repressivos de estado (a polícia, o judiciário); o segundo é responsabilidade dos aparelhos ideológicos de estado (a religião, a mídia, a escola, a família).

Na primeira parte do ensaio, Althusser dá, implicitamente, uma definição bastante simples de ideologia. A ideologia é constituída por aquelas crenças que nos levam a aceitar as estruturas sociais (capitalistas) existentes como boas e desejáveis. Essa definição é substancialmente modificada na segunda parte do ensaio, na qual o conceito de ideologia se torna bastante mais complexo, mas esta é uma outra discussão. A produção e a disseminação da ideologia é feita, como vimos, pelos aparelhos ideológicos de estado, entre os quais se situa, de modo privilegiado, na argumentação de Althusser, justamente a escola. A escola constitui-se num aparelho ideológico central porque, afirma Althusser, atinge praticamente toda a população por um período prolongado de tempo.

Como a escola transmite a ideologia? A escola atua ideologicamente através de seu currículo, seja de uma forma mais direta, através das matérias mais suscetíveis ao transporte de crenças explícitas sobre a desejabilidade das estruturas sociais existentes, como Estudos Sociais, História, Geografia, por exemplo; seja de uma forma mais indireta, através de disciplinas mais "técnicas", como Ciências e Matemática. Além disso, a ideologia atua de forma discriminatória: ela inclina as pessoas das classes subordinadas à submissão e à obediência, enquanto as pessoas das classes dominantes aprendem a comandar e a controlar. Essa diferenciação é garantida pelos mecanismos seletivos que fazem com que as crianças das classes dominadas sejam expelidas da escola antes de chegarem àqueles níveis onde se aprendem os hábitos e habilidades próprios das classes dominantes.

A problemática central da análise marxista da educação e da escola consiste, como mostra o exemplo de Althusser, em buscar estabelecer qual é a ligação entre a escola e a economia, entre a educação e a produção. Uma vez que, na análise marxista, a economia e a produção estão no centro da dinâmica social, qual é o papel da educação e da escola nesse processo? Como a escola e a educação contribuem para que a sociedade continue sendo capitalista, para que a sociedade continue sendo dividida entre capitalistas (proprietários dos meios de produção), de um lado, e trabalhadores (proprietários unicamente de sua capacidade de trabalho), de outro? Althusser nos deu, como vimos, um tipo de resposta: a escola contribui para a reprodução da sociedade capitalista ao transmitir, através das matérias escolares, as crenças que nos fazem ver os arranjos sociais existentes como bons e desejáveis. Baudelot e Establet, num livro também agora clássico, *A escola capitalista na França*, iriam desenvolver, em detalhes, a tese althusseriana. Caberia, entretanto, a dois economistas estadunidenses, Samuel Bowles e Herbert Gintis, fornecer uma resposta um pouco diferente àquela pergunta central sobre as conexões entre produção e educação.

Em seu livro, *A escola capitalista na América*, Bowles e Gintis introduzem o conceito de correspondência para estabelecer a natureza da conexão entre escola e produção. Como vimos, Althusser enfatizava o papel do *conteúdo* das matérias escolares na transmissão da ideologia capitalista, embora a definição de ideologia que ele dava na segunda parte de seu ensaio (a ideologia como *prática*) apontasse para a possibilidade de uma outra utilização desse conceito. Em contraste com essa ênfase no conteúdo, Bowles e Gintis enfatizam a aprendizagem, através da vivência das *relações* sociais da escola, das atitudes necessárias para se qualificar como um bom trabalhador capitalista. As relações sociais do local de trabalho capitalista exigem certas atitudes por parte do trabalhador: obediência a ordens, pontualidade, assiduidade, confiabilidade, no caso do trabalhador subordinado; capacidade de comandar, de formular planos, de se conduzir de forma autônoma, no caso dos trabalhadores situados nos níveis mais altos da escala ocupacional. Como, no esquema de Bowles e Gintis, a escola garante que essas atitudes sejam incorporadas à psique do estudante, ou seja, do futuro trabalhador?

A escola contribui para esse processo não propriamente através do conteúdo explícito de seu currículo, mas ao espelhar, no seu funcionamento, as *relações* sociais do local de trabalho. As escolas dirigidas aos trabalhadores subordinados tendem a privilegiar relações sociais nas quais, ao praticar papéis subordinados, os estudantes aprendem a subordinação. Em contraste, as escolas dirigidas aos trabalhadores dos escalões superiores da escala ocupacional tendem a favorecer relações sociais nas quais os estudantes têm a oportunidade de praticar atitudes de comando e autonomia. É, pois, através de uma *correspondência* entre as *relações* sociais da escola e as *relações* sociais do local de trabalho que a educação contribui para a reprodução das relações sociais de produção da sociedade capitalista. Trata-se de um processo bidirecional. Num primeiro movimento, a escola é um reflexo da economia capitalista ou, mais especificamente, do local de trabalho capitalista. Esse reflexo, por sua vez, garante que, num segundo movimento, de retorno, o local de trabalho capitalista receba justamente aquele tipo de trabalhador de que necessita.

A crítica da escola capitalista, nesse estágio inicial, não ficaria limitada, entretanto, à análise marxista. Os sociólogos franceses Pierre Bourdieu e Jean-Claude Passeron iriam desenvolver uma crítica da educação que, embora centrada no conceito de "reprodução", afastava-se da análise marxista em vários aspectos. Além do conceito de "reprodução", a análise de Bourdieu e Passeron desenvolvia-se através de conceitos que eram devedores, embora apenas metaforicamente, de conceitos econômicos. Mas, contrariamente à análise marxista, o funcionamento da escola e das instituições culturais não é deduzido do funcionamento da economia. Bourdieu e Passeron vêem, entretanto, o funcionamento da escola e da cultura através de metáforas econômicas. Nessa análise, a cultura não depende da economia: a cultura funciona *como* uma economia, como demonstra, por exemplo, a utilização do conceito de "*capital* cultural".

Para Bourdieu e Passeron, a dinâmica da reprodução social está centrada no processo de reprodução cultural. É através da reprodução da cultura dominante que a reprodução mais ampla da sociedade fica garantida. A cultura que tem prestígio e valor social é justamente a cultura das classes dominantes: seus valores, seus gostos, seus costumes, seus hábitos, seus modos de se comportar, de agir. Na medida em que essa cultura tem valor em termos sociais; na medida em que ela *vale* alguma coisa; na medida em que ela faz com que a pessoa que a possui obtenha vantagens materiais e simbólicas, ela se constitui como *capital* cultural. Esse capital cultural existe em diversos estados. Ela pode se manifestar em estado objetivado: as obras de arte, as obras literárias, as obras teatrais etc. A cultura pode existir também sob a forma de títulos, certificados e diplomas: é o capital cultural institucionalizado. Finalmente, o capital cultural manifesta-se de forma incorporada, introjetada, internalizada. Nessa última forma ele se confunde com o *habitus*, precisamente o termo utilizado por Bourdieu e Passeron para se referir às estruturas sociais e culturais que se tornam internalizadas.

O domínio simbólico, que é o domínio por excelência da cultura, da significação, atua através de um ardiloso mecanismo. Ele adquire sua força precisamente ao definir a cultura dominante como sendo *a* cultura. Os valores, os hábitos e costumes, os comportamentos da classe dominante são aqueles que são considerados como constituindo *a* cultura. Os valores e hábitos de outras classes podem ser qualquer outra coisa, mas não são *a* cultura. Agora é que vem o truque. A eficácia dessa definição da cultura dominante como sendo *a* cultura depende de uma importante operação. Para que essa definição alcance sua máxima eficácia é necessário que ela não apareça como tal, que ela não apareça justamente como o que ela é, como uma definição arbitrária, como uma definição que não tem qualquer base objetiva, como uma definição que está baseada apenas na força (agora propriamente econômica) da classe dominante. É essa força original que permite que a classe dominante possa definir *sua* cultura como *a* cultura, mas nesse mesmo ato de definição oculta-se a força que torna possível que ela possa impor essa definição arbitrária. Há, portanto, aqui, dois processos em funcionamento: de um lado, a imposição e, de outro, a ocultação de que se trata de uma imposição, que aparece, então, como *natural*. É a esse duplo mecanismo que Bourdieu e Passeron chamam de *dupla violência* do processo de dominação cultural.

Agora, onde entram a escola e a educação nesse processo? Em Bourdieu e Passeron, contrariamente a outras análises críticas, a escola não atua pela inculcação da cultura dominante às crianças e jovens das classes dominadas, mas, ao contrário, por um mecanismo que acaba por funcionar como um mecanismo de exclusão. O currículo da escola está baseado na cultura dominante: ele se expressa na linguagem dominante, ele é transmitido através do código cultural dominante. As crianças das classes dominantes podem facilmente compreender esse código, pois durante toda sua vida elas estiveram imersas, o tempo todo, nesse código. Esse código é natural para elas. Elas se sentem à vontade no clima cultural e afetivo construído por esse código. É o seu ambiente nativo. Em contraste, para as crianças e jovens das classes dominadas, esse código é simplesmente indecifrável. Eles não sabem do que se trata. Esse código funciona como uma linguagem estrangeira: é incompreensível. A vivência familiar das crianças e jovens das classes dominadas não os acostumou a esse código, que lhes aparece como algo estranho e alheio. O resultado é que as crianças e jovens das classes dominantes são bem-sucedidas na escola, o que lhes permite o acesso aos graus superiores do sistema educacional. As crianças e jovens das classes dominadas, em troca, só podem encarar o fracasso, ficando pelo caminho. As crianças e jovens das classes dominantes veem seu capital cultural reconhecido e *fortalecido*. As crianças e jovens das classes dominadas têm sua cultura nativa desvalorizada, ao mesmo tempo que seu capital cultural, já inicialmente baixo ou nulo, não sofre qualquer aumento ou valorização. Completa-se o ciclo da reprodução cultural. É essencialmente através dessa reprodução cultural, por sua vez, que as classes sociais se mantêm tal como existem, garantindo o processo de reprodução social.

Em geral, tem-se deduzido da análise de Bourdieu e Passeron (e, particularmente, das análises individuais de Bourdieu) uma pedagogia e um currículo que, em oposição ao currículo baseado na cultura dominante, se centrariam nas culturas dominadas. Trata-se, provavelmente, de um mal-entendido. Sua análise não nos diz que a cultura dominante é indesejável e que a cultura dominada seria, em troca, desejável. Dizer que a classe dominante define arbitrariamente sua cultura como desejável não é a mesma coisa que dizer que a cultura dominada é que é desejável. O que Bourdieu e Passeron propõem, através do conceito de *pedagogia racional*, é que as crianças das classes dominadas tenham uma educação que lhes possibilite ter — na escola — a mesma imersão duradoura na cultura dominante que faz parte — na família — da experiência das crianças das classes dominantes. Fundamentalmente, sua proposta pedagógica consiste em advogar uma pedagogia e um currículo que reproduzam, na *escola*, para as crianças das classes dominadas, aquelas condições que apenas as crianças das classes dominantes têm na *família*.

Em seu conjunto, esses textos formam a base da teoria educacional crítica que iria se desenvolver nos anos seguintes. Eles podem ter sido amplamente criticados e questionados na explosão da literatura crítica ocorrida nos anos 70 e 80, sobretudo por seu suposto determinismo econômico, mas, depois deles, a teoria curricular seria radicalmente modificada. A teorização curricular recente ainda vive desse legado.

Leituras

ALTHUSSER, Louis. *Aparelhos ideológicos de Estado*. Rio: Graal, 1983.

BOURDIEU, Pierre e PASSERON, Jean-Claude. *A reprodução*. Rio: Francisco Alvez, 1975.

BOURDIEU, Pierre. *Escritos de educação*. Petrópolis: Vozes, 1999. (Organização de Maria Alice Nogueira e Afrânio Catani)

BOWLES, Samuel e GINTIS, Herbert. *La instrucción escolar en la América capitalista*. México: Siglo XXI, 1981.

SILVA, Tomaz Tadeu da. *O que produz e o que reproduz em educação*. Porto Alegre: Artes Médicas, 1992.

Contra a concepção técnica: os reconceptualistas

No final dos anos sessenta, podia-se já dizer que a hegemonia da concepção técnica do currículo estava com seus dias contados. Como vimos, esboçavam-se, em vários países, ao mesmo tempo, movimentos de reação às concepções burocráticas e administrativas de currículo. Em países como França e Inglaterra, os contornos mais gerais de uma teoria educacional crítica tendiam a partir de campos não diretamente pedagógicos ou educacionais, como a sociologia crítica (Bourdieu, por exemplo) e a filosofia marxista (Althusser, por exemplo). Nos Estados Unidos e Canadá, entretanto, o movimento de crítica às perspectivas conservadoras sobre currículo tinha origem no próprio campo de estudo da educação.

Os antecedentes da rejeição dos pressupostos da concepção técnica de currículo tal como consolidada pelo modelo de Tyler esboçavam-se já nos escritos de autores como James McDonald e Dwayne Huebner. Um movimento mais organizado e visível, entretanto, somente ia ganhar impulso sob a liderança de William Pinar, com a I Conferência sobre Currículo organizada pelo grupo, na Universidade de Rochester, Nova York, em 1973. O movimento de reconceptualização exprimia uma insatisfação crescente de pessoas do campo do currículo com os parâmetros tecnocráticos estabelecidos pelos modelos de Bobbitt e Tyler. As pessoas identificadas com o que passou a ser conhecido como "movimento de reconceptualização" começavam a perceber que a compreensão do currículo como uma atividade meramente técnica e administrativa não se enquadrava muito bem com as teorias sociais de origem sobretudo europeia com as quais elas estavam familiarizadas: a fenomenologia, a hermenêutica, o marxismo, a teoria crítica da Escola de Frankfurt. Aquilo que, nas perspectivas tradicionais, era entendido como currículo era precisamente o que, de acordo com aquelas teorias sociais, precisava ser questionado e criticado. Assim, por exemplo, do ponto de vista da fenomenologia, as categorias de aprendizagem, objetivos, medição e avaliação nada tinham a ver com os significados do "mundo da vida" através dos quais as pessoas constroem e percebem sua experiência. De acordo com a perspectiva fenomenológica, essas categorias tinham que ser "postas entre parênteses", questionadas, para se chegar à "essência" da educação e do currículo. Do ponto de vista marxista, para tomar um outro exemplo, a ênfase na eficiência e na racionalidade administrativa apenas refletia a dominação do capitalismo sobre a educação e o currículo, contribuindo para a reprodução das desigualdades de classe.

Esses dois exemplos refletem, aliás, um antagonismo entre os dois campos nos quais, nos Estados Unidos, dividiu-se a crítica dos modelos tradicionais. De um lado, estavam aquelas pessoas que utilizavam os conceitos marxistas, filtrados através de análises marxistas contemporâneas, como as de Gramsci e da Escola de Frankfurt, para fazer a crítica da escola e do currículo existentes. Essas análises enfatizavam o papel das estruturas econômicas e políticas na reprodução cultural e social através da educação e do currículo. De outro lado, colocavam-se as críticas da educação e do currículo tradicionais inspiradas em estratégias interpretativas de investigação, como a fenomenologia e a hermenêutica. Aqui, a ênfase não estava no papel das estruturas ou em categorias teóricas abstratas (como ideologia, capitalismo, controle, dominação de classe), mas nos significados subjetivos que as pessoas dão às suas experiências pedagógicas e curriculares. Em ambas as perspectivas tratava-se de desafiar os modelos técnicos dominantes; em ambas as perspectivas procurava-se lançar mão de estratégias analíticas que permitissem colocar em xeque as compreensões naturalizadas do mundo social e, em particular, da pedagogia e do currículo. No caso da fenomenologia, da hermenêutica, da autobiografia, entretanto, desnaturalizar as categorias com as quais, ordinariamente, compreendemos e vivemos o cotidiano, significa focalizá-las através de uma perspectiva profundamente pessoal e subjetiva. Há um vínculo com o social, na medida em que essas categorias são criadas e mantidas, intersubjetivamente e através da linguagem, mas, em última análise, o foco está nas experiências e nas significações subjetivas. Em contraste, na crítica de inspiração marxista, desnaturalizar o mundo "natural" da pedagogia e do currículo significa submetê-lo a uma análise científica, centrada em conceitos que rompem com as categorias de senso comum com as quais, ordinariamente, vemos e compreendemos aquele mundo.

O movimento de reconceptualização, tal como definido por seus próprios iniciadores, pretendia incluir tanto as vertentes fenomenológicas quanto as vertentes marxistas, mas as pessoas envolvidas nessas últimas recusaram, em geral, uma identificação plena com aquele movimento. Na verdade, procuraram até distanciar-se de um movimento que viam como excessivamente centrado em questões subjetivas, como um movimento muito pouco político. Para autores de inspiração marxista, como Michael Apple, o movimento de reconceptualização, embora constituísse um questionamento do modelo técnico dominante, era visto como um recuo ao pessoal, ao narcisístico e ao subjetivo. Ao final, o rótulo da "reconceptualização" que caracterizou um movimento hoje dissolvido no pós-estruturalismo, no feminismo, nos estudos culturais, ficou limitado às concepções fenomenológicas, hermenêuticas e autobiográficas de crítica aos modelos tradicionais de currículo. É por isso que, nesta seção, limitaremos nossa discussão a essas concepções. As perspectivas mais marxistas e estruturais, como a de Michael Apple e a de Henry Giroux, serão tratadas em outra seção.

A concepção contemporânea de fenomenologia tem origem, como sabemos, em Edmund Husserl, sendo posteriormente desenvolvida por autores como Heiddeger e Merleau-Ponty. O ato fenomenológico fundamental consiste em submeter o entendimento que normalmente temos do mundo cotidiano a uma suspensão. A investigação fenomenológica começa por colocar os significados ordinários do cotidiano "entre parênteses". Aqueles significados que tomamos como naturais constituem apenas a "aparência" das coisas. Temos que colocar essa aparência em dúvida, em questão, para que possamos chegar à sua "essência". A investigação fenomenológica coloca em questão, assim, as categorias do senso comum, mas elas não são substituídas por categorias teóricas e científicas abstratas. Ela está focalizada, em vez disso, na experiência vivida, no "mundo da vida", nos significados subjetiva e intersubjetivamente construídos. O conceito de "significado" não tem, para a fenomenologia, o mesmo sentido que, depois, teria para uma semiologia estruturalista, a qual surge e se desenvolve, de certa forma, precisamente em reação e oposição a ela. O "significado", para a fenomenologia, não pode ser simplesmente determinado por seu valor "objetivo" numa cadeia de oposições estruturais, como na semiologia. O significado é, ao invés disso, algo profundamente pessoal e subjetivo. Sua conexão com o social se dá não através de estruturas sociais impessoais e abstratas, mas através de conexões intersubjetivas. Para a fenomenologia, o significado manifesta-se na linguagem, através da linguagem, mas é também aquilo que de certa forma escapa à linguagem ordinária, ao senso comum implantado na linguagem. Os verdadeiros significados de nossas experiências têm de voltar à linguagem para encontrar sua expressão, mas eles têm, antes, de certa forma, de ser recuperados embaixo da linguagem, naquilo que foge à linguagem, no seu substrato.

Intelectuais como Max van Mannen, Ted Aoki (ambos do Canadá) e Madeleine Grumet (Estados Unidos), que estiveram centralmente envolvidos, naqueles países, no desenvolvimento de uma compreensão fenomenológica do currículo, não estavam preocupados tanto com os aspectos filosóficos da fenomenologia quanto com as possibilidades que a fenomenologia apresentava para o estudo do currículo. A perspectiva fenomenológica de currículo é, em termos epistemológicos, a mais radical das perspectivas críticas, na medida em que representa um rompimento fundamental com a epistemologia tradicional. A tradição fenomenológica de análise do currículo é aquela que talvez menos reconhece a estruturação tradicional do currículo em disciplinas ou matérias. Para a perspectiva fenomenológica, com sua ênfase na experiência, no mundo vivido, nos significados subjetivos e intersubjetivos, pouco sentido fazem as formas de compreensão técnica e científica implicadas na organização e estruturação do currículo em torno de disciplinas. As disciplinas tradicionais estão concebidas em torno de conceitos científicos, instrumentais, isto é, do mundo de segunda ordem dos conceitos e não do mundo de primeira ordem das experiências diretas. No máximo, as disciplinas e matérias tradicionais aparecem como categorias a serem questionadas, a serem "colocadas entre parênteses".

Na perspectiva fenomenológica, o currículo não é, pois, constituído de fatos, nem mesmo de conceitos teóricos e abstratos: o currículo é um local no qual docentes e aprendizes têm a oportunidade de examinar, de forma renovada, aqueles significados da vida cotidiana que se acostumaram a ver como dados e naturais. O currículo é visto como experiência e como local de interrogação e questionamento da experiência. Na perspectiva fenomenológica, são, primeiramente, as próprias categorias das perspectivas tradicionais sobre currículo, sobre pedagogia e sobre ensino que são submetidas à suspensão e à redução fenomenológicas. "Objetivos", "aprendizagem", "avaliação", "metodologia" são todos conceitos de segunda ordem, que aprisionam a experiência pedagógica e educacional do mundo vivido de docentes e estudantes. Depois, é a própria experiência dos estudantes que se torna objeto da investigação fenomenológica. Assim, enquanto no currículo tradicional os estudantes eram encorajados a adotar a atitude supostamente científica que caracterizava as disciplinas acadêmicas, no currículo fenomenológico eles são encorajados a aplicar à sua própria experiência, ao seu próprio mundo vivido a atitude que caracteriza a investigação fenomenológica.

A atitude fenomenológica envolve, primeiramente, selecionar temas que possam ser submetidos à análise fenomenológica. Em geral, esses temas, como se depreende dos exemplos desenvolvidos na literatura educacional de análise fenomenológica, são temas que fazem parte da vida cotidiana, rotineira, seja da própria pessoa que faz a análise, seja das pessoas envolvidas na situação analisada. Assim, para dar um exemplo pedagógico, uma professora iniciante poderia analisar sua própria experiência ao dar suas primeiras aulas. Ela procuraria evitar, antes de mais nada, uma descrição que se limitasse ao significado comumente atribuído a uma situação como essa, assim como buscaria fugir de uma descrição demasiadamente dependente de categorias abstratas ou científicas. Ela se centraria, ao invés disso, na singularidade do significado que essa experiência tem para ela. Ela buscaria a "essência" dessa experiência, não no sentido de uma "essência" anterior, pré-existente, mas no sentido de uma "essência" que esteja para além das categorias tanto do senso comum quanto da ciência. Além de uma demorada introspecção, a professora, transformada em analista fenomenológica, poderia lançar mão dos significados que outras pessoas atribuem a essa situação, bem como dos significados com que a situação possa ter sido descrita na literatura e na arte. A análise fenomenológica termina numa escrita fenomenológica, na qual a analista reconstitui, através da linguagem (sempre uma experiência de segunda ordem), a experiência vivida por ela ou por outras pessoas envolvidas na situação.

Os temas submetidos à análise na literatura fenomenológica sobre currículo parecem quase sempre "banais", precisamente porque são retirados da experiência banalizada da vida cotidiana. Em certo sentido, o que a análise fenomenológica procura é desbanalizá-los, torná-los, outra vez, significativos. Assim, por exemplo, um conjunto de textos fenomenológicos divulgados recentemente pelo canadense Max van Manen, na Internet, focaliza os seguintes temas, entre outros: a espera; o sentir-se em casa; a saudação "como vai você?"; a experiência de ser madrasta; a "malhação" (exercício físico); bem como temas nem tão banais como a morte, a doença e a experiência de se receber um diagnóstico médico. Algumas vezes o objeto da análise fenomenológica coincide com o objeto de outros tipos de análise, mas a abordagem é radicalmente diferente. Um dos textos mencionados focaliza, por exemplo, a noção de tempo da criança. Pode-se comparar, aqui, essa análise com aquelas análises de inspiração piagetiana da mesma temática. A análise piagetiana estaria centrada, provavelmente, numa descrição objetiva, abstrata, universalizada, dos conceitos de tempo utilizados pela criança. Uma análise fenomenológica, em contraste, procuraria destacar os aspectos subjetivos, vividos, concretos, situados, da experiência de tempo da criança.

É precisamente o caráter situacional, singular, único, concreto da experiência vivida – o aqui e o agora – que a análise fenomenológica procura destacar. A análise fenomenológica foge dos universais e abstratos do conhecimento científico, conceitual, para se focalizar no concreto e no histórico do mundo vivido. A análise fenomenológica é, assim, profundamente pessoal, subjetiva, idiossincrática. Em seus momentos mais reveladores, ela é comovedoramente poética. Ela revela mais por evocar e sugerir do que por mostrar e convencer.

Na teorização sobre currículo, a análise fenomenológica tem sido, frequentemente, combinada com duas outras estratégias de investigação: a hermenêutica e a autobiografia. Por exemplo, Max van Manen, já citado, pratica aquilo que ele chama de "hermenêutica fenomenológica", uma abordagem que combina as estratégias da descrição fenomenológica com as estratégias interpretativas da hermenêutica. De forma geral, a hermenêutica, tal como desenvolvida modernamente por autores como Gadamer, destaca, em contraste com a suposta existência de um significado único e determinado, a possibilidade de múltipla interpretação que têm os textos – entendidos, aqui, não apenas como o texto escrito, mas como qualquer conjunto de significados.

Embora a fenomenologia, tal como definida originalmente por Husserl, esteja centrada numa descrição das coisas tais como elas são, ela também envolve, em última análise, a utilização de uma gama de estratégias interpretativas.

Já a autobiografia tem sido combinada com uma orientação fenomenológica para enfatizar os aspectos formativos do currículo, entendido, de forma ampla, como experiência vivida. Em alguns autores, como Wiliam Pinar, por exemplo, recorre-se também a recursos analíticos da psicanálise. Nessa perspectiva, o método autobiográfico nos permitiria investigar as formas pelas quais nossa subjetividade e identidade são formadas. William Pinar recorre à etimologia da palavra *curriculum* para dar-lhe um sentido renovado. Ele destaca que essa palavra, significando originalmente "pista de corrida", deriva do verbo *currere*, em latim, correr. É, antes de tudo, um verbo, uma atividade e não uma coisa, um substantivo. Ao enfatizar o verbo, deslocamos a ênfase da "pista de corrida" para o ato de "percorrer a pista". É como atividade que o currículo deve ser compreendido – uma atividade que não se limita à nossa vida escolar, educacional, mas à nossa vida inteira.

Em oposição tanto às perspectivas tradicionais quanto às perspectivas críticas macrossociológicas, o método autobiográfico, na visão de Pinar, permite focalizar o concreto, o singular, o situacional, o histórico na nossa vida. Ele permite conectar o individual ao social de uma forma que as outras perspectivas não fazem. O método autobiográfico não se limita a desvelar os momentos e os aspectos formativos de nossa vida, sobretudo de nossa vida educacional e pedagógica: ele próprio tem uma dimensão formativa, autotransformativa. Em última análise, ao menos na linguagem dos anos iniciais de desenvolvimento da perspectiva autobiográfica, a autobiografia tem um objetivo libertador, emancipador. Ao permitir que se façam conexões entre o conhecimento escolar, a história de vida e o desenvolvimento intelectual e profissional, a autobiografia contribui para a transformação do próprio eu. Na perspectiva da autobiografia, uma maior compreensão de si implica um agir mais consciente, responsável e comprometido.

Tal como a perspectiva mais geral de análise fenomenológica do currículo, a autobiografia, como uma visão epistemológica que vai contra as formas racionalistas de conhecer das ciências sociais, não combina bem com a forma como o currículo oficial está organizado, isto é, em torno de matérias ou disciplinas. Talvez seja por isso que os exemplos dados nessa literatura tendam a se referir à área de formação docente. William Pinar, por exemplo, sugere que se examine autobiograficamente nossa vida escolar e educacional: como foi nossa experiência educacional quando entramos na escola; quais episódios lembramos; quais nossos sentimentos nesses episódios; quais as conexões entre nosso eu e o conhecimento formal? Por seu caráter autotransformativo, essa investigação autobiográfica seria extremamente importante no processo de formação docente. A literatura autobiográfica é menos clara no que se refere à aplicação do método autobiográfico à educação de crianças e jovens. Pode-se imaginar como a autobiografia poderia ser utilizada como um recurso educacional nesse nível educacional, mas fica difícil pensar na autobiografia como uma abordagem única do processo curricular.

Leituras

MARTINS, Joel. *Um enfoque fenomenológico do currículo: educação como* poíesis. São Paulo: Cortez, 1992.

DOMINGUES, José Luiz. "Interesses humanos e paradigmas curriculares". *Revista brasileira de estudos pedagógicos*, 67(156), 1986: p.351-66.

A crítica neomarxista de Michael Apple

O início da crítica neomarxista às teorias tradicionais do currículo e ao papel ideológico do currículo está fortemente identificado com o pensamento de Michael Apple. Trabalhos anteriores, como os de Althusser e Bourdieu, por exemplo, tinham estabelecido as bases de uma crítica radical à educação liberal, mas não tinham propriamente tomado como foco de seu questionamento o currículo e o conhecimento escolar. Apple aproveita-se dessas críticas e de outras tradições da teorização social crítica mais ampla (Raymond Williams, por exemplo), para elaborar uma análise crítica do currículo que iria ser muito influente nas décadas seguintes.

Apple toma como ponto de partida os elementos centrais da crítica marxista da sociedade. A dinâmica da sociedade capitalista gira em torno da dominação de classe, da dominação dos que detêm o controle da propriedade dos recursos materiais sobre aqueles que possuem apenas sua força de trabalho. Essa característica da organização da economia na sociedade capitalista afeta tudo aquilo que ocorre em outras esferas sociais, como a educação e a cultura, por exemplo. Há, pois, uma relação estrutural entre economia e educação, entre economia e cultura. Nos termos da terminologia introduzida por autores como Bernstein e Bourdieu, há um vínculo entre reprodução cultural e reprodução social. Mais especificamente, há uma clara conexão entre a forma como a economia está organizada e a forma como o currículo está organizado.

Para Apple, entretanto, essa ligação não é uma ligação de determinação simples e direta. A preocupação em evitar uma concepção mecanicista e determinista dos vínculos entre produção e educação já estava presente em seu primeiro livro, *Ideologia e currículo*, publicado pela primeira vez nos Estados Unidos em 1979, mas ela iria se tornar ainda mais forte nos seus livros posteriores. Basicamente, para ele, não é suficiente postular um vínculo entre, de um lado, as estruturas econômicas e sociais mais amplas e, de outro, a educação e o currículo. Esse vínculo é mediado por processos que ocorrem no campo da educação e do currículo e que são aí *ativamente* produzidos. Ele é mediado pela ação humana. Aquilo que ocorre na educação e no currículo não pode ser simplesmente deduzido do funcionamento da economia.

É essa preocupação que leva Apple a recorrer ao conceito de hegemonia, tal como formulado por Antonio Gramsci e desenvolvido por Raymond Williams. É o conceito de hegemonia que permite ver o campo social como um campo contestado, como um campo onde os grupos dominantes se veem obrigados a recorrer a um esforço permanente de convencimento ideológico para manter sua dominação. É precisamente através desse esforço de convencimento que a dominação econômica se transforma em hegemonia cultural. Esse convencimento atinge sua máxima eficácia quando se transforma em senso comum, quando se naturaliza. O campo cultural não é um simples reflexo da economia: ele tem a sua própria dinâmica. As estruturas econômicas não são suficientes para garantir a consciência; a consciência precisa ser conquistada em seu próprio campo.

É com esses elementos, acrescidos de elementos tomados de empréstimo a autores como Pierre Bourdieu, Basil Bernstein e Michael Young, que Michael Apple vai colocar o currículo no centro das teorias educacionais críticas. Contrapondo-se às perspectivas tradicionais sobre currículo, Apple vê o currículo em termos estruturais e relacionais. O currículo está estreitamente relacionado às estruturas econômicas e sociais mais amplas. O currículo não é um corpo neutro, inocente e desinteressado de conhecimentos. Contrariamente ao que supõe o modelo de Tyler, por exemplo, o currículo não é organizado através de um processo de seleção que recorre às fontes imparciais da filosofia ou dos valores supostamente consensuais da sociedade. O conhecimento corporificado no currículo é um conhecimento particular. A seleção que constitui o currículo é o resultado de um processo que reflete os interesses particulares das classes e grupos dominantes.

Na análise de Apple, a preocupação não é com a validade epistemológica do conhecimento corporificado no currículo. A questão não é saber qual conhecimento é verdadeiro, mas qual conhecimento é *considerado* verdadeiro. A preocupação é com as formas pelas quais certos conhecimentos são considerados como legítimos, em detrimento de outros, vistos como ilegítimos. Nos modelos tradicionais, o conhecimento existente é tomado como dado, como inquestionável. Se existe algum questionamento, ele não vai além de critérios epistemológicos estreitos de verdade e falsidade. Como consequência, os modelos técnicos de currículo limitam-se à questão do "como" organizar o currículo. Na perspectiva política postulada por Apple, a questão importante é, ao invés disso, a questão do "por quê". Por que esses conhecimentos e não outros? Por que esse conhecimento é considerado importante e não outros? E para evitar que esse "por que" seja respondido simplesmente por critérios de verdade e falsidade, é extremamente importante perguntar: "trata-se do conhecimento de *quem*?". Quais interesses guiaram a seleção desse conhecimento particular? Quais são as relações de poder envolvidas no processo de seleção que resultou nesse currículo particular?

No que concerne ao papel do currículo no processo de reprodução cultural e social, essa crítica inicial do currículo esteve frequentemente dividida entre duas ênfases. De um lado, estavam aquelas críticas que enfatizavam o papel do chamado "currículo oculto" nessa reprodução. É o caso, por exemplo, de Bowles e Gintis, que chamaram a atenção para o papel exercido pelas *relações* sociais da escola no processo de reprodução social. É o caso também de Bernstein, que centrou sua análise menos naquilo que é transmitido e mais na forma como é transmitido. De outro, situam-se aquelas críticas que deram mais importância ao currículo explícito, oficial, ao "conteúdo" do currículo. Pode-se dizer que este foi o caso de Althusser, ao menos na primeira parte de seu ensaio sobre a ideologia e os aparelhos ideológicos de estado. Apple procura realizar uma análise que dê igual importância aos dois aspectos do currículo, embora se possa notar uma ênfase ligeiramente maior no seu conteúdo explícito, naquilo que ele chama de "currículo oficial". Ele considera necessário examinar tanto aquilo que ele chama de "regularidades do cotidiano escolar" quanto o currículo explícito; tanto o ensino implícito de normas, valores e disposições quanto os pressupostos ideológicos e epistemológicos das disciplinas que constituem o currículo oficial.

Como boa parte da literatura sociológica crítica sobre currículo desse período inicial, Apple colocava uma grande ênfase, em *Ideologia e currículo*, no processo que a escola exerce na *distribuição* do conhecimento oficial. A suposição é de que a escola simplesmente transmite e distribui o conhecimento que é produzido em algum outro lugar. Apple, entretanto, concede um papel igualmente importante à escola como produtora de conhecimento, sobretudo daquilo que ele chama de "conhecimento técnico". O "conhecimento técnico" relaciona-se diretamente com a estrutura e o funcionamento da sociedade capitalista, uma vez que se trata de conhecimento relevante para a economia e a produção. Obviamente, essa produção se dá principalmente nos níveis superiores do sistema educacional, isto é, na universidade. Mas na medida em que os requisitos de entrada na universidade pressionam os currículos dos outros níveis educacionais, esses currículos refletem a mesma ênfase no "conhecimento técnico". É esse tipo de conhecimento que acaba sendo visto como tendo prestígio, em detrimento de outras formas de conhecimento, como o conhecimento estético e artístico, por exemplo. Trata-se de mais um dos mecanismos pelos quais o currículo se liga com o processo de reprodução cultural e social.

Em seu primeiro livro, *Ideologia e currículo*, Apple, em consonância com o paradigma marxista adotado, enfatizava as relações sociais de classe, embora admitindo, talvez secundariamente, a importância das relações de gênero e raça no processo de reprodução cultural e social exercido pelo currículo. A importância atribuída a essas diferentes dinâmicas iria se tornar mais equilibrada nos livros posteriores. O que se manteria, entretanto, era uma comum preocupação com o poder. O que torna sua análise "política" é precisamente essa centralidade atribuída às relações de poder. Currículo e poder — essa é a equação básica que estrutura a crítica do currículo desenvolvida por Apple. A questão básica é a da conexão entre, de um lado, a produção, distribuição e consumo dos recursos materiais, econômicos e, de outro, a produção, distribuição e consumo de recursos simbólicos como a cultura, o conhecimento, a educação e o currículo.

Como vimos, já em seu primeiro livro Apple procurava construir uma perspectiva de análise crítica do currículo que incluísse as mediações, as contradições e ambiguidades do processo de reprodução cultural e social. Entretanto, apenas com o desenvolvimento posterior da teorização crítica é que as contradições e resistências iriam ganhar um papel mais destacado. Ao dar ênfase ao conceito de hegemonia, Apple chama atenção para o fato de que a reprodução social não é um processo tranquilo e garantido. As pessoas precisam ser convencidas da desejabilidade e legitimidade dos arranjos sociais existentes. Mas esse convencimento não se dá sem oposição, conflito e resistência. É precisamente esse caráter conflagrado que caracteriza um campo cultural como o do currículo. Como uma luta em torno de valores, significados e propósitos sociais, o campo social e cultural é feito não apenas de imposição e domínio, mas também de resistência e oposição. A descrição do currículo como sendo também um campo de resistência está apenas esboçada em *Ideologia e currículo*. Ela seria reforçada posteriormente por influência, principalmente, da pesquisa de Paul Willis relatada no livro *Aprendendo a ser trabalhador*.

Em suma, na perspectiva de Apple, o currículo não pode ser compreendido – e transformado – se não fizermos perguntas fundamentais sobre suas conexões com relações de poder. Como as formas de divisão da sociedade afetam o currículo? Como a forma como o currículo processa o conhecimento e as pessoas contribui, por sua vez, para reproduzir aquela divisão? Qual conhecimento – de quem – é privilegiado no currículo? Quais grupos se beneficiam e quais grupos são prejudicados pela forma como o currículo está organizado? Como se formam resistências e oposições ao currículo oficial? Ao enfatizar essas questões, Michael Apple contribui, de forma importante, para politizar a teorização sobre currículo.

Leituras

APPLE, Michael. *Ideologia e currículo*. São Paulo: Brasiliense, 1982.

APPLE, Michael. "Vendo a educação de forma relacional: classe e cultura na sociologia do conhecimento escolar". *Educação e realidade*, 11(1), 1986: p.19-34.

APPLE, Michael. "Currículo e poder". *Educação e realidade*, 14(2), 1989: p.46-57.

APPLE, Michael. *Educação e poder*. Porto Alegre: Artes Médicas, 1989.

MOREIRA, Antonio Flavio B. A contribuição de Michael Apple para o desenvolvimento de uma teoria curricular crítica no Brasil. *Fórum educacional*, 1989, *13* (4), p.17-30.

O currículo como política cultural: Henry Giroux

Entre os autores que, nos Estados Unidos, ajudaram a desenvolver uma teorização crítica sobre currículo, destaca-se, sem dúvida, a figura de Henry Giroux. Embora iniciando um pouco mais tarde do que Michael Apple, Giroux contribuiu de forma decisiva para traçar os contornos de uma teorização crítica que iria, depois, florescer de modo talvez inesperado. Tal como fizemos com Michael Apple, vamos nos restringir aqui a fazer uma síntese das teorizações e conceitos desenvolvidos em sua primeira fase. Giroux tem se voltado, desde então, para temáticas e direções que algumas vezes parecem um tanto distantes daquelas nas quais se concentrava inicialmente, nisso diferindo bastante de Apple. Nos seus últimos livros, Giroux tem se preocupado cada vez mais com a problemática da cultura popular tal como se apresenta no cinema, na música e na televisão. Embora sempre em conexão com a questão pedagógica e curricular, suas análises parecem ter se tornado crescentemente mais culturais do que propriamente educacionais. Além disso, seus últimos escritos incorporam, embora de forma limitada e contida, as recentes contribuições do pós-modernismo e do pós-estruturalismo. A síntese que se segue baseia-se, pois, nos seus primeiros livros: *Ideology, culture, and the process of schooling* (1981) e *Theory and resistance in education* (1983).

Tal como ocorreu com outros autores dessa fase inicial, também a crítica de Giroux esteve centrada, nesse momento, numa reação às perspectivas empíricas e técnicas sobre currículo então dominantes. Utilizando-se de conceitos desenvolvidos pelos autores da Escola de Frankfurt (Adorno, Horkheimer, Marcuse), Giroux ataca a racionalidade técnica e utilitária, bem como o positivismo das perspectivas dominantes sobre currículo. Na análise de Giroux, as perspectivas dominantes, ao se concentrarem em critérios de eficiência e racionalidade burocrática, deixavam de levar em consideração o caráter histórico, ético e político das ações humanas e sociais e, particularmente, no caso do currículo, do conhecimento. Como resultado desse apagamento do caráter social e histórico do conhecimento, as teorias tradicionais sobre currículo, assim como o próprio currículo, contribuem para a reprodução das desigualdades e das injustiças sociais.

O desenvolvimento das teorias críticas sobre currículo, como vimos, esteve estreitamente ligado – em contraposição ao empiricismo e ao pragmatismo vulgar das perspectivas tradicionais – à utilização da teoria social crítica mais ampla. Giroux foi, entretanto, talvez um dos poucos autores a se utilizar, nessa fase, dos *insights* teóricos dos investigadores da Escola de Frankfurt. Giroux se inclinava, nesse momento, para uma posição que era claramente tributária do marxismo, mas ele queria evitar, ao mesmo tempo, uma identificação com a rigidez economicista de certos enfoques marxistas. A produção teórica da Escola de Frankfurt, com sua ênfase na dinâmica cultural e na crítica da razão iluminista e da racionalidade técnica, ajustava-se perfeitamente a esse objetivo. A Escola de Frankfurt fornecia uma crítica à epistemologia implícita na racionalidade técnica que podia ser prontamente aplicada à crítica tanto das perspectivas dominantes sobre currículo quanto ao próprio currículo existente.

No momento em que Giroux começa a escrever já estavam em circulação as teorizações que teriam, depois, tanta influência sobre a teoria educacional crítica: a crítica da ideologia de Althusser; a crítica cultural de Bourdieu e Passeron; o princípio da correspondência de Bowles e Gintis. Giroux, tal como Apple, não estava satisfeito com a rigidez estrutural e com as consequências pessimistas dessas teorizações. Seu trabalho inicial iria se concentrar, em boa parte, no desenvolvimento de uma cuidadosa crítica dessas perspectivas, bem como no esboço de alternativas que pudessem superar aquilo que ele via como falhas e omissões dessas teorias. Assim, por exemplo, ele criticava Bowles e Gintis pelo caráter mecanicista e determinista de seu princípio da correspondência que não deixava nenhum espaço para a mediação e a ação humanas. Nesse modelo, aquilo que ocorria na escola e no currículo estava determinado, de antemão, pelo que acontecia na economia e na produção. Por outro lado, a teorização que Bourdieu e Passeron faziam do processo de reprodução cultural e social dava um peso excessivo à dominação e à cultura dominante, em detrimento das culturas dominadas e de processos de resistência.

Giroux é igualmente crítico, entretanto, daquelas vertentes da crítica educacional que se inspiravam mais na fenomenologia e nos modelos interpretativos de teorização social do que nos diversos estruturalismos. Como descrevi noutro capítulo, uma das correntes do movimento de reconceptualização da teorização curricular, nos Estados Unidos, estava centrada no estudo fenomenológico das compreensões que as próprias pessoas que participam da cena educacional têm de seus atos e significados. Na Inglaterra, uma parte importante da chamada "nova sociologia da educação" também estava preocupada em desenvolver análises que levassem em conta as formas pelas quais estudantes e docentes desenvolvem, através de processos de negociação, seus próprios significados sobre o conhecimento, o currículo e a vida educacional em geral. O que estava em jogo, na perspectiva dessas análises, era a construção social desses significados pelos próprios agentes no espaço da escola e do currículo. Giroux critica essas análises por não darem suficiente ou nenhuma atenção às conexões entre, de um lado, as formas como essas construções se desenvolvem no espaço restrito da escola e do currículo e, de outro, as relações sociais mais amplas de controle e poder.

É no conceito de resistência, entretanto, que Giroux vai buscar as bases para desenvolver uma teorização crítica, mas alternativa, sobre a pedagogia e o currículo. Giroux esteve preocupado, nessa fase inicial, em apresentar uma alternativa que superasse o pessimismo e o imobilismo sugeridos pelas teorias da reprodução. Ele já fala aqui numa "pedagogia da possibilidade" – um conceito que vai se tornar central às teorizações de sua fase intermediária. Contra a dominação rígida das estruturas econômicas e sociais sugeridas pelo núcleo "duro" das teorias críticas da reprodução, Giroux sugere que existem mediações e ações no nível da escola e do currículo que podem trabalhar contra os desígnios do poder e do controle. A vida social em geral e a pedagogia e o currículo em particular não são feitos apenas de dominação e controle. Deve haver um lugar para a oposição e a resistência, para a rebelião e a subversão.

Como outros autores, Giroux é amplamente influenciado, nesse aspecto, pela pesquisa do sociólogo inglês, Paul Willis. Ex-aluno do importante Centre for Contemporary Cultural Studies, da Universidade Birmingham, Paul Willis iria se tornar conhecido pela pesquisa relatada no livro *Aprendendo a ser trabalhador*. Também insatisfeito com o determinismo econômico das teorias da reprodução, Willis quer saber o que leva jovens de classe operária a voluntariamente escolher empregos de classe operária. Para isso, Willis acompanha um grupo de jovens de classe operária de uma escola secundária em suas atividades tanto na escola quanto no trabalho. Basicamente, o que Willis argumenta é que o encaminhamento desses jovens para ocupações de classe operária não é o simples resultado passivo de uma lei econômica ou social. Essa destinação é ativamente criada na própria cultura juvenil operária, através, sobretudo, da celebração, nessa cultura, de uma masculinidade fortemente associada com a cultura operária do chão de fábrica. Infelizmente, o resultado final é o mesmo, mas o que Willis vislumbra aí, nessa cultura, é um momento e um espaço de criação autônoma e ativa que poderia ser explorado para uma resistência mais politicamente informada.

É essa possibilidade da resistência que Giroux vai desenvolver em seus primeiros trabalhos. Ele acredita que é possível canalizar o potencial de resistência demonstrado por estudantes e professores para desenvolver uma pedagogia e um currículo que tenham um conteúdo claramente político e que seja crítico das crenças e dos arranjos sociais dominantes. Ao menos nessa fase, Giroux compreende o currículo fundamentalmente através dos conceitos de emancipação e libertação. Novamente, sob forte influência dos teóricos da Escola de Frankfurt, ele vê o processo de emancipação como um dos objetivos de uma ação social politizada. É através de um processo pedagógico que permita às pessoas se tornarem conscientes do papel de controle e poder exercido pelas instituições e pelas estruturas sociais que elas podem se tornar emancipadas ou libertadas de seu poder e controle.

Três conceitos são centrais a essa concepção emancipadora ou libertadora do currículo e da pedagogia: esfera pública, intelectual transformador, voz. Tomando de empréstimo a Habermas o conceito de "esfera pública", Giroux argumenta que a escola e o currículo devem funcionar como uma "esfera pública democrática". A escola e o currículo devem ser locais onde os estudantes tenham a oportunidade de exercer as habilidades democráticas da discussão e da participação, de questionamento dos pressupostos do senso comum da vida social. Por outro lado, os professores e as professoras não podem ser vistos como técnicos ou burocratas, mas como pessoas ativamente envolvidas nas atividades da crítica e do questionamento, a serviço do processo de emancipação e libertação. Tomando como base a noção de "intelectual orgânico" de Gramsci, Giroux vê os professores e as professoras como "intelectuais transformadores". Finalmente, o conceito de "voz", que Giroux desenvolveria na fase intermediária de sua obra, aponta para a necessidade de construção de um espaço onde os anseios, os desejos e os pensamentos dos estudantes e das estudantes possam ser ouvidos e atentamente considerados. Através do conceito de "voz", Giroux concede um papel ativo à sua participação – um papel que contesta as relações de poder através das quais essa voz tem sido, em geral, suprimida.

Há uma reconhecida influência de Paulo Freire na obra de Henry Giroux. Por um lado, a concepção libertadora de educação de Paulo Freire e sua noção de ação cultural forneciam-lhe as bases para o desenvolvimento de um currículo e de uma pedagogia que apontavam para possibilidades que estavam ausentes nas teorias críticas da reprodução então predominantes. Por outro lado, embora Paulo Freire salientasse a importância da participação das pessoas envolvidas no ato pedagógico na construção de seus próprios significados, de sua própria cultura, ele não deixava de enfatizar também as estreitas conexões entre a pedagogia e a política, entre a educação e o poder. A crítica que Freire faz da "educação bancária" e sua concepção do conhecimento como um ato ativo e dialético também combinavam com os esforços de Giroux em desenvolver uma perspectiva de currículo que contestasse os modelos técnicos então dominantes.

Para sintetizar: numa tendência que iria ganhar mais impulso posteriormente, Giroux vê a pedagogia e o currículo através da noção de "política cultural". O currículo envolve a construção de significados e valores culturais. O currículo não está simplesmente envolvido com a transmissão de "fatos" e conhecimentos "objetivos". O currículo é um local onde, ativamente, se produzem e se criam significados sociais. Esses significados, entretanto, não são simplesmente significados que se situam no nível da consciência pessoal ou individual. Eles estão estreitamente ligados a relações sociais de poder e desigualdade. Trata-se de significados em disputa, de significados que são impostos, mas também contestados. Na visão de Giroux, há pouca diferença entre, de um lado, o campo da pedagogia e do currículo e, de outro, o campo da cultura. O que está em jogo, em ambos, é uma política cultural.

Leituras

GIROUX, Henry. *Escola crítica e política cultural.* São Paulo: Cortez, 1987.

GIROUX, Henry. *Pedagogia radical. Subsídios.* São Paulo: Cortez, 1983.

GIROUX, Henry. *Teoria crítica e resistência em educação.* Petrópolis: Vozes, 1986.

Pedagogia do oprimido
versus pedagogia dos conteúdos

Parece evidente que Paulo Freire não desenvolveu uma teorização especifica sobre currículo. Em sua obra, entretanto, como ocorre com outras teorias pedagógicas, ele discute questões que estão relacionadas com aquelas que comumente estão associadas com teorias mais propriamente curriculares. Pode-se dizer que seu esforço de teorização consiste, ao menos em parte, em responder à questão curricular fundamental: "o que ensinar?". Em sua preocupação com a questão epistemológica fundamental ("o que significa conhecer?"), Paulo Freire desenvolveu uma obra que tem implicações importantes para a teorização sobre o currículo. Além disso, é conhecida sua influência sobre as teorizações de autores e autoras mais diretamente ligados ao desenvolvimento de perspectivas mais propriamente curriculares.

Aqui, como fizemos com outros autores, vamos nos restringir aos seus livros iniciais, particularmente *Educação como prática da liberdade* (1967) e *Pedagogia do oprimido* (1970). Na verdade, é o livro *Pedagogia do oprimido* que melhor representa o pensamento pelo qual ele iria se tornar internacionalmente conhecido e reconhecido. *Educação como prática da liberdade* está ainda muito ligado ao pensamento da chamada "ideologia do desenvolvimento" que caracterizava o pensamento de esquerda da época. Em seu primeiro livro, a palavra-chave é, precisamente, "desenvolvimento". No segundo, a centralidade do conceito de "desenvolvimento" é deslocada pelo de "revolução". Além disso, os elementos propriamente pedagógicos do pensamento de Freire estão aí pouco desenvolvidos: metade do livro é dedicada a uma análise da formação social brasileira.

Pedagogia do oprimido, por outro lado, difere, em aspectos fundamentais, das outras teorizações que iriam constituir as bases de uma teoria educacional crítica (Althusser, Bourdieu e Passeron, Bowles e Gintis). Em primeiro lugar, diferentemente daquelas teorizações, sua análise deve muito mais à filosofia do que à sociologia e à economia política. É verdade que a análise que Freire faz da formação social brasileira na primeira parte de *Educação como prática da liberdade* é profundamente histórica e sociológica. Já a análise que Freire faz do processo de dominação em *Pedagogia do oprimido* está baseada numa dialética hegeliana das relações entre senhor e servo, ampliada e modificada pela leitura do "primeiro Marx", do marxismo humanista de Erich Fromm, da fenomenologia existencialista e cristã e de críticos do processo de dominação colonial (Memmi, Fanon). O foco está, aqui, muito menos na dominação como um reflexo das relações econômicas e muito mais na dinâmica própria do processo de dominação.

Em segundo lugar, as críticas sociológicas da educação tomam como base a estrutura e o funcionamento da educação institucionalizada nos países desenvolvidos. Está implícita na análise de Freire, por sua vez, uma crítica à escola tradicional, mas sua preocupação está voltada para o desenvolvimento da educação de adultos em países subordinados na ordem mundial. Na verdade, em *Pedagogia do oprimido*, Freire adia a transformação da educação formal para depois da revolução. Pode-se dizer ainda que os conceitos humanistas utilizados por Freire em sua análise estão claramente ausentes de análises mais estruturalistas da educação. Não se pode imaginar Althusser ou Bourdieu e Passeron falando, como faz Freire em *Pedagogia do oprimido* e em livros posteriores, de "amor", "fé nos homens", "esperança" ou "humildade".

Finalmente, a teorização de Freire é claramente pedagógica, na medida em que ele não se limita a analisar como *são* a educação e a pedagogia existentes, mas apresenta uma teoria bastante elaborada de como elas *devem ser*. Essas diferenças refletem-se inclusive nos títulos dos respectivos livros: enquanto o de Freire ressalta o termo "pedagogia", o livro de Bowles e Gintis, por exemplo, sugere uma análise da escola na sociedade capitalista estadunidense, e o de Baudelot e Establet propõe-se, claramente, a analisar a "escola capitalista na França".

A crítica de Freire ao currículo existente está sintetizada no conceito de "educação bancária". A educação bancária expressa uma visão epistemológica que concebe o conhecimento como sendo constituído de informações e de fatos a serem simplesmente transferidos do professor para o aluno. O conhecimento se confunde com um ato de depósito – bancário. Nessa concepção, o conhecimento é algo que existe fora e independentemente das pessoas envolvidas no ato pedagógico. Refletindo aqui a crítica mais cientificista ligada à "ideologia do desenvolvimento", bem como as críticas à escola tradicional feitas pelos ideólogos da "Escola Nova", Freire ataca o caráter verbalista, narrativo, dissertativo do currículo tradicional. Na sua ênfase excessiva num verbalismo vazio, oco, o conhecimento expresso no currículo tradicional está profundamente desligado da situação existencial das pessoas envolvidas no ato de conhecer. Na concepção bancária da educação, o educador exerce sempre um papel ativo, enquanto o educando está limitado a uma recepção passiva.

Através do conceito de "educação problematizadora", Freire busca desenvolver uma concepção que possa se constituir numa alternativa à concepção bancária que ele critica. Na base dessa "educação problematizadora" está uma compreensão radicalmente diferente do que significa "conhecer". Aqui, a perspectiva de Freire é claramente fenomenológica. Para ele, conhecimento é sempre conhecimento *de* alguma coisa. Isso significa que não existe uma separação entre o ato de conhecer e aquilo que se conhece. Utilizando o conceito fenomenológico de "intenção", o conhecimento, para Freire, é sempre "intencionado", isto é, está sempre dirigido para alguma coisa.

O mundo, pois, não existe a não ser como "mundo para nós", como mundo para a nossa consciência. Freire está aqui longe das concepções pós-estruturalistas recentes que concebem o conhecimento como estreitamente relacionado com suas formas de representação no texto e no discurso. A representação implicada na perspectiva de Freire é a do mundo na consciência. O ato de conhecer envolve fundamentalmente o tornar "presente" o mundo para a consciência.

O ato de conhecer não é, entretanto, para Freire, um ato isolado, individual. Conhecer envolve intercomunicação, intersubjetividade. Essa intercomunicação é mediada pelos objetos a serem conhecidos. Na concepção de Freire, é através dessa intercomunicação que os homens mutuamente se educam, intermediados pelo mundo cognoscível. É essa intersubjetividade do conhecimento que permite a Freire conceber o ato pedagógico como um ato dialógico. A educação bancária torna desnecessário o diálogo, na medida em que apenas o educador exerce algum papel ativo relativamente ao conhecimento. Se conhecer é uma questão de depósito e acumulação de informações e fatos, o educando é concebido em termos de falta, de carência, de ignorância, relativamente àqueles fatos e àquelas informações. O currículo e a pedagogia se resumem ao papel de preenchimento daquela carência. Em vez do diálogo, há aqui uma comunicação unilateral. Na perspectiva da educação problematizadora, ao invés disso, todos os sujeitos estão ativamente envolvidos no ato de conhecimento. O mundo – o objeto a ser conhecido – não é simplesmente "comunicado"; o ato pedagógico não consiste em simplesmente "comunicar o mundo". Em vez disso, educador e educandos criam, dialogicamente, um conhecimento *do* mundo.

É sobre essas bases que Freire vai desenvolver seu famoso "método". Ele não se limita a criticar o currículo implícito no conceito de "educação bancária". Freire fornece, já em *Pedagogia do oprimido*, instruções detalhadas de como desenvolver um currículo que seja a expressão de sua concepção de "educação problematizadora". É curioso observar que Freire utiliza nesse livro expressões e conceitos bastante tradicionais, tais como "conteúdos" e "conteúdos programáticos", para falar sobre currículo. Ele está bem consciente, entretanto, da necessidade do desenvolvimento de um currículo que esteja de acordo com sua concepção de educação e pedagogia. A diferença relativamente às perspectivas tradicionais de currículo está na forma como se constroem esses "conteúdos programáticos".

Pode-se comparar, nesse aspecto, o método sugerido por Paulo Freire, com os métodos seguidos por modelos mais tradicionais, como o de Tyler, por exemplo. Tyler sugeria estudos sobre os aprendizes e sobre a vida ocupacional adulta bem como a opinião dos especialistas das diferentes disciplinas como fontes para o desenvolvimento de objetivos educacionais, tudo isso filtrado pela filosofia e pela psicologia educacionais. Na perspectiva de Freire, é a própria experiência dos educandos que se torna a fonte primária de busca dos "temas significativos" ou "temas geradores" que vão constituir o "conteúdo programático" do currículo dos programas de educação de adultos. Freire não nega o papel dos especialistas que, interdisciplinarmente, devem organizar esses temas em unidades programáticas, mas o "conteúdo" é sempre resultado de uma pesquisa no universo experiencial dos próprios educandos, os quais são também ativamente envolvidos nessa pesquisa.

Contrariamente à representação que comumente se faz, Paulo Freire concede uma importância central, em seu "método", ao papel tanto dos especialistas nas diversas disciplinas, aos quais cabe, ao final, elaborar os "temas significativos" e fazer o que ele chama de "codificação", quanto aos educadores diretamente envolvidos nas atividades pedagógicas. Ao menos em *Pedagogia do oprimido*, Paulo Freire acredita que o "conteúdo programático da educação não é uma doação ou imposição, mas a devolução organizada, sistematizada e acrescentada ao povo daqueles elementos que este lhe entregou em forma desestruturada". O que ele destaca é a participação dos educandos nas várias etapas da construção desse "currículo programático". Numa operação visivelmente curricular, ele fala em escolha do "conteúdo programático", que deve ser feita em conjunto pelo educador e pelos educandos. Esse conteúdo programático deve ser buscado, conjuntamente, naquela realidade, naquele mundo que, segundo Freire, constitui o objeto do conhecimento intersubjetivo.

Vimos que a epistemologia que fundamenta a perspectiva curricular de Freire está centrada numa visão fenomenológica do ato de conhecer como "consciência de alguma coisa". É essa consciência, que inclui a consciência não apenas das coisas e das próprias atividades, mas também a consciência de si mesmo, que distingue o ser humano dos animais. É igualmente central à sua epistemologia, entretanto, aquilo que ele chama de "conceito antropológico de cultura". Isso significa entender a cultura, em oposição à natureza, como criação e produção humana. Nessa concepção de cultura, não se faz uma distinção entre cultura erudita e cultura popular, entre "alta" e "baixa" cultura. A cultura não é definida por qualquer critério estético ou filosófico. A cultura é simplesmente o resultado de qualquer trabalho humano. Nesse sentido, faz mais sentido falar não em "cultura", mas em "culturas".

O desenvolvimento dessa noção de cultura tem importantes implicações curriculares. Embora Freire não desenvolva esse tema, o currículo tradicional – humanista, clássico – que dominou a educação dos grupos dominantes por um longo tempo, está baseado precisamente numa definição da cultura como o conjunto das obras de "excelência" produzidas no campo das artes visuais, da literatura, da música, do teatro. Mesmo que implicitamente, essa crítica do conceito de cultura permite a

Paulo Freire desenvolver uma perspectiva curricular que, antecipando-se à influência posterior dos Estudos Culturais, apaga as fronteiras entre cultura erudita e cultura popular. Essa ampliação do que constitui cultura permite que se veja a chamada "cultura popular" como um conhecimento que legitimamente deve fazer parte do currículo.

Se Paulo Freire se antecipou, de certa forma, à definição cultural do currículo que iria caracterizar depois a influência dos Estudos Culturais sobre os estudos curriculares, pode-se dizer também que ele inicia o que se poderia chamar, no presente contexto, de uma pedagogia pós-colonialista ou, quem sabe, de uma perspectiva pós-colonialista sobre currículo. Como se sabe, a perspectiva pós-colonialista, desenvolvida sobretudo nos estudos literários, busca problematizar as relações de poder entre os países que, na situação anterior, eram colonizadores e aqueles que eram colonizados. Essa perspectiva procura privilegiar a perspectiva epistemológica dos povos dominados, sobretudo da forma como se manifesta em sua literatura. Ao se concentrar na perspectiva de grupos dominados em países da América Latina e, mais tarde, nos países que se tornavam independentes do domínio português, Paulo Freire antecipa, na pedagogia e no currículo, alguns dos temas que iriam, depois, se tornar centrais à teoria pós-colonialista. A perspectiva de Freire era, já em *Pedagogia do oprimido*, claramente pós-colonialista, sobretudo em sua insistência no posicionamento epistemologicamente privilegiado dos grupos dominados: por estarem em posição dominada na estrutura que divide a sociedade entre dominantes e dominados, esses grupos tinham um conhecimento da dominação que os grupos dominantes não podiam ter. Numa era em que o tema do "multiculturalismo" ganha tanta centralidade, essa dimensão da obra de Paulo Freire pode talvez servir de inspiração para o desenvolvimento de um currículo pós-colonialista que responda às novas condições de dominação que caracterizam a "nova ordem mundial".

O predomínio de Paulo Freire no campo educacional brasileiro seria contestado, no início dos anos 80, pela chamada "pedagogia histórico-crítica" ou "pedagogia crítico-social dos conteúdos", desenvolvida por Dermeval Saviani. Tal como Freire, Saviani não pretendia estar elaborando propriamente uma teoria do currículo, mas sua teorização focaliza questões que pertencem legitimamente ao campo dos estudos curriculares. Em oposição a Paulo Freire, Saviani faz uma nítida separação entre educação e política. Para ele, uma prática educacional que não consiga se distinguir da política perde sua especificidade. A educação torna-se política apenas na medida em que ela permite que as classes subordinadas se apropriem do conhecimento que ela transmite como um instrumento cultural que será utilizado na luta política mais ampla. Assim, para Saviani, a tarefa de uma pedagogia crítica consiste em transmitir aqueles conhecimentos universais que são considerados como patrimônio da humanidade e não dos grupos sociais que deles se apropriaram. Saviani critica tanto as pedagogias ativas mais liberais quanto a pedagogia libertadora freireana por enfatizarem não a aquisição do conhecimento mas os métodos de sua aquisição.

Há, na teorização de Saviani, uma evidente ligação entre conhecimento e poder. Essa ligação limita-se, entretanto, a enfatizar o papel do conhecimento na aquisição e fortalecimento do poder das classes subordinadas. Neste sentido, a pedagogia de Saviani aparece como a única, dentre as pedagogias críticas, a deixar de ver qualquer conexão intrínseca entre conhecimento e poder. Para Saviani, o conhecimento é o outro do poder. A análise de Saviani não se alinha nem mesmo com as análises marxistas, dominantes na época, que enfatizavam o caráter necessariamente distorcido – ideológico – do conhecimento, de modo geral, e do conhecimento escolar, de modo particular. No contexto das teorias pós-estruturalistas mais recentes, que assinalam, seguindo Foucault, um nexo necessário entre saber e poder, a teorização curricular de Saviani parece visivelmente deslocada. No limite, excetuando-se uma evidente intenção crítica, é difícil ver como a teoria curricular da chamada "pedagogia dos conteúdos" possa se distinguir de teorias mais tradicionais do currículo. Na sua oposição à pedagogia libertadora freireana, ela cumpriu, entretanto, um importante papel nos debates no interior do campo crítico do currículo. Embora sua influência tenha, ultimamente, diminuído, ela continua, inegavelmente, importante.

Leituras

FREIRE, Paulo. *Ação cultural para a liberdade*. Rio: Paz e Terra, 1976.

FREIRE, Paulo. *Educação como prática da liberdade*. Rio: Paz e Terra, 1967.

FREIRE, Paulo. *Pedagogia do oprimido*. Rio: Paz e Terra, 1970.

GADOTTI, Moacir. *Paulo Freire. Uma biobibliografia*. São Paulo: Cortez/Instituto Paulo Freire, 1996.

MOREIRA, Antonio Flavio B. *Currículos e programas no Brasil*. Campinas: Papirus, 1990.

SAVIANI, Dermeval. *Escola e democracia*. São Paulo: Cortez/Autores Associados, 1983.

O currículo como construção social: a "nova sociologia da educação"

A crítica do currículo na Inglaterra, diferentemente do que ocorria nos Estados Unidos, dava-se a partir da sociologia. O livro *Knowledge and control*, publicado em 1971, marca o início dessa crítica, através daquilo que passaria a ser conhecido como "Nova Sociologia da Educação" (NSE). Este livro, organizado por Michael Young, que seria, reconhecidamente, o líder desse "movimento", reunia, além de um ensaio do próprio Michael Young, ensaios escritos por Pierre Bourdieu e Basil Bernstein, bem como ensaios de outros autores, vários deles ligados ao Instituto de Educação da Universidade de Londres.

Se nos Estados Unidos a crítica tinha como referência as perspectivas tradicionais sobre currículo, na Inglaterra a referência era a "antiga" sociologia da educação. Essa sociologia seguia uma tradição de pesquisa empírica sobre os resultados desiguais produzidos pelo sistema educacional, preocupando-se, sobretudo, com o fracasso escolar das crianças e jovens da classe operária. Por sua ênfase empírica e estatística, essa sociologia era chamada, pelos críticos, de "aritmética". A principal crítica que a NSE fazia a essa sociologia aritmética era que ela se concentrava nas variáveis de entrada (classe social, renda, situação familiar) e nas variáveis de saída (resultados dos testes escolares, sucesso ou fracasso escolar), deixando de problematizar o que ocorria entre esses dois pontos. Mais particularmente, a antiga sociologia não questionava a natureza do conhecimento escolar ou o papel do próprio currículo na produção daquelas desigualdades. O currículo tradicional era simplesmente tomado como dado e, portanto, como implicitamente aceitável. O que importava era saber se as crianças e jovens eram bem-sucedidos ou não nesse currículo. Nos termos da NSE, a preocupação era com o processamento de pessoas e não com o processamento do conhecimento.

A NSE, entretanto, implicitamente também desafiava uma outra tradição do pensamento educacional britânico, aquela representada pela filosofia educacional analítica de autores como P. H. Hirst e

R. S. Peters. Esses autores defendiam uma posição basicamente racionalista do currículo, argumentando em favor de um currículo que estivesse centrado no desenvolvimento do pensamento conceitual. Para essa finalidade, o currículo deveria se centrar em "formas de compreensão" que, embora não fossem definidas exatamente em termos das disciplinas acadêmicas, coincidiam, em grande parte, com elas. A perspectiva de Hirst e Peters centrava-se num conhecimento universalista, conceptual e abstrato. Ao enfatizar o caráter arbitrário daquilo que *passa* por conhecimento, a NSE colocava em questão também essa concepção filosófica da educação e do currículo.

O programa da NSE, tal como formulado por Michael Young, na introdução ao livro *Knowledge and control*, tomava como ponto de partida o desenvolvimento de uma sociologia do conhecimento. A tarefa de uma sociologia do conhecimento, nessa visão, consistiria em destacar o caráter socialmente construído das formas de consciência e de conhecimento, bem como suas estreitas relações com estruturas sociais, institucionais e econômicas. Nesse sentido, no quadro teórico traçado por Young, a sociologia do conhecimento escolar praticamente coincidiria com a sociologia mais geral do conhecimento.

A tarefa mais imediata de *Knowledge and control* consistia, entretanto, em delinear as bases de uma "sociologia do currículo". Young critica, na introdução, a tendência a se tomar como dadas, como naturais, as categorias curriculares, pedagógicas e avaliativas utilizadas pela teoria educacional e pelos educadores. A tarefa de uma sociologia do currículo consistiria precisamente em colocar essas categorias em questão, em desnaturalizá-las, em mostrar seu caráter histórico, social, contingente, arbitrário. Diferentemente de uma filosofia do currículo centrada em questões puramente epistemológicas, a questão, para a NSE, não consiste em saber qual conhecimento é verdadeiro ou falso, mas em saber o que *conta* como conhecimento. Em contraste com a psicologia da aprendizagem, a NSE tampouco está preocupada em saber *como* se aprende. Como argumenta Schaffer, citado por Young, a "questão de saber como as crianças aprendem matemática pressupõe respostas à questão prévia de quais são as bases sociais daquele conjunto de significados que são designados pelo termo 'matemática'." Ao contrário de perspectivas críticas mais propriamente pedagógicas sobre o currículo, a NSE tampouco se preocupará em elaborar propostas alternativas de currículo. Seu programa está centrado na crítica sociológica e histórica dos currículos existentes.

A NSE, no breve programa traçado por Young na introdução ao livro *Knowledge and control*, deveria começar por ver o conhecimento escolar e o currículo existentes como invenções sociais, como o resultado de um processo envolvendo conflitos e disputas em torno de quais conhecimentos deviam fazer parte do currículo. Ela deveria perguntar como essa disciplina e não outra acabou entrando no currículo, como esse tópico e não outro, por que essa forma de organização e não outra, quais os valores e os interesses sociais envolvidos nesse processo seletivo. De forma mais geral e abstrata, a NSE busca investigar as conexões entre, de um lado, os princípios de seleção, organização e distribuição do conhecimento escolar e, de outro, os princípios de distribuição dos recursos econômicos e sociais mais amplos. Em suma, a questão básica da NSE era a das conexões entre currículo e poder, entre a organização do conhecimento e a distribuição de poder.

As perspectivas apresentadas pelos diferentes autores reunidos em *Knowledge and control* estavam longe de serem homogêneas. Enquanto as contribuições do próprio Young, de Bourdieu e Bernstein eram claramente estruturalistas, os ensaios de Geoffrey Esland e Nell Keddie inspiravam-se, sobretudo, na fenomenologia sociológica e no interacionismo simbólico. Essa divisão iria se resolver, posteriormente, em favor da vertente mais estruturalista que se tornaria, aliás, crescentemente neomarxista. A perspectiva derivada da fenomenologia e do interacionismo simbólico iria perder importância e visibilidade, embora continuasse presente como, por exemplo, no trabalho, inspirado no interacionismo simbólico, de Peter Woods.

Young demonstra, em seu próprio ensaio, como se poderia desenvolver uma sociologia do currículo inspirada nas concepções de Marx, Weber e Durkheim. Embora ressalte, na introdução ao livro, as conexões entre os princípios de distribuição de poder e as várias fases do processo de construção curricular (seleção, organização, distribuição, avaliação), Young concentra-se nas formas de organização do currículo. A questão, para Young, consiste em analisar quais os princípios de estratificação e de integração que governam a organização do currículo. Por que se atribui mais prestígio a certas disciplinas do que a outras? Por que alguns currículos são caracterizados por uma rígida separação entre as diversas disciplinas enquanto outros permitem uma maior integração? Quais são as relações entre esses princípios de organização e princípios de poder? Quais interesses de classe, profissionais e institucionais estão envolvidos nessas diferentes formas de estruturação e organização? Mexer nessa organização significa mexer com o poder. É essa estreita relação entre organização curricular e poder que faz com que qualquer mudança curricular implique uma mudança também nos princípios de poder.

Em contraste com essa análise estrutural de Young, os ensaios de Geoffrey Esland e Nell Keddie adotam uma postura mais fenomenológica. De acordo com a tradição fenomenológica, Esland ataca a visão objetivista do conhecimento que está pressuposta nas perspectivas tradicionais sobre o currículo. Para a perspectiva objetivista, na qual se baseia a divisão do currículo em matérias ou disciplinas, o conhecimento está organizado em "zonas" que correspondem a tipos diferentes de objetos que teriam existência independente dos indivíduos cognoscentes. Na análise fenomenológica de Esland, essa visão ignora a "intencionalidade e a expressividade da ação humana e todo o complexo processo de negociação intersubjetiva dos significados; ela disfarça como dado um mundo que tem que ser continuamente interpretado".

Esland desenvolve o argumento de que o currículo não pode ser separado do ensino e da avaliação. Fundamentando-se na sociologia fenomenológica de Mead, Schutz e Luckmann, Esland concentra-se na forma como o conhecimento é construído intersubjetivamente na interação entre professor e alunos na sala de aula. Tal como ocorre em outros locais, a "realidade" é constituída daqueles significados que são intersubjetivamente construídos na interação social. É por isso que uma pessoa de "fora" sente-se como um estrangeiro. Assim, na situação educacional, qualquer mudança curricular "objetiva" deve passar por esse processo de interpretação e negociação em torno dos significados em que estão envolvidos professores e alunos na sala de aula. É na descrição e explicação desse conhecimento intersubjetivo que, na opinião de Esland, deveria se concentrar uma sociologia do currículo. Embora Esland destaque a importância de se analisar as visões subjetivas tanto dos professores quanto dos alunos, ele se concentra, nesse ensaio, no conhecimento dos professores. O problema para ele consiste em tentar compreender quais são as perspectivas, entendidas aqui como "visões de mundo", que os professores trazem para a sala de aula, bem como aquelas que eles aí desenvolvem.

Dentre os estudos aqui mencionados, o de Nell Keddie é o único que tem uma base empírica. A partir de uma perspectiva fenomenológica, Keddie argumenta que o conhecimento prévio que os professores têm dos alunos determina a forma como eles irão tratá-los. A capacidade intelectual dos alunos tal como avaliada pelos professores acaba sendo determinada pela tipificação que os professores fazem deles. Essa tipificação é determinada, em grande parte, pela classe social dos alunos. Em sua pesquisa, Keddie chega a conclusões similares àquelas que foram desenvolvidas pelas chamadas "teorias da rotulação".

Embora a NSE não estivesse preocupada em desenvolver as implicações pedagógicas de seu programa sociológico, essas implicações são, entretanto, evidentes. Em primeiro lugar, uma perspectiva curricular inspirada pelo programa da NSE buscaria construir um currículo que refletisse as tradições culturais e epistemológicas dos grupos subordinados e não apenas dos grupos dominantes. Da mesma forma, procuraria desafiar as formas de estratificação e atribuição de prestígio existentes, como, por exemplo, a que divide as ciências e as artes. Além disso, um currículo que se fundamentasse nos princípios da NSE deveria transferir esses princípios para o seu interior, isto é, a perspectiva epistemológica central do conhecimento envolvido no currículo deveria ser, ela própria, baseada na ideia de "construção social".

O prestígio e a influência da NSE, que tinham sido excepcionalmente grandes até o início da década de oitenta, diminuiu bastante a partir daí. Por um lado, o programa mais "forte" de uma "pura" sociologia do currículo cedeu lugar a perspectivas mais ecléticas que misturavam análises sociológicas com teorizações mais propriamente pedagógicas. Por outro, a teorização crítica da educação que nesse momento se concentrava em torno da NSE iria se dissolver numa variedade de perspectivas analíticas e teóricas: feminismo; estudos sobre gênero, raça e etnia; estudos culturais; pós-modernismo; pós-estruturalismo. Além disso, o contexto social de reforma educacional e de democratização da educação que tinha constituído a inspiração da NSE transformava-se radicalmente, com o triunfo das políticas neoliberais de Ronald Reagan, nos Estados Unidos, e de Margareth Thatcher, na Inglaterra. Na verdade, até mesmo o principal teórico da NSE, Michael Young, abandonava gradualmente suas pretensões sociológicas anteriores para adotar uma posição cada vez mais técnica e burocrática. A ideia inicial da NSE, representada na noção de "construção social", continua, entretanto, atual e importante. Ela encontra continuidade, por exemplo, nas análises do currículo que hoje são feitas com inspiração nos Estudos Culturais e no pós-estruturalismo.

Leituras

FORQUIN, Jean-Claude. *Escola e cultura. As bases sociais e epistemológicas do conhecimento escolar.* Porto Alegre: Artes Médicas, 1993.

KEDDIE, Nell. "O saber na sala de aula". In Sérgio Grácio e Stephen Stoer (orgs.). *Sociologia da educação. v. II. A construção social das práticas educativas.* Lisboa: Horizonte, 1982: p.205-244.

MOREIRA, Antonio Flávio B. "Sociologia do currículo: origens, desenvolvimento e contribuições." *Em aberto*, 1990, 46, p.73-83.

YOUNG, Michael. "Uma abordagem do estudo dos programas enquanto fenômenos do conhecimento socialmente organizado". In Sérgio Grácio e Stephen Stoer (orgs.). *Sociologia da educação. v. II. A construção social das práticas educativas.* Lisboa: Horizonte, 1982: p.151-187.

YOUNG, Michael. "A propósito de uma sociologia crítica da educação". *Revista brasileira de estudos pedagógicos*, 67(157), 1986: p.532-37.

Códigos e reprodução cultural: Basil Bernstein

No contexto da sociologia crítica da educação que se desenvolveu na Inglaterra a partir dos anos setenta, a obra de Basil Bernstein ocupa uma posição singular. Na verdade, embora o terceiro volume de seu livro *Class, codes and control*, onde ele reúne os ensaios teóricos que desenvolvem as bases de sua sociologia da educação, só tenha sido publicado em 1975, ele vinha desenvolvendo as atividades que deram origem a esse livro desde o início da década de sessenta. Nesses anos todos, Bernstein se manteve fiel ao seu projeto de desenvolver uma sociologia da educação que girasse em torno de alguns conceitos que ele considera fundamentais. Tudo o que ele tem feito é refinar esses conceitos, tornando sua teoria cada vez mais complexa e sofisticada.

Para Bernstein, o conhecimento educacional formal encontra sua realização através de três sistemas de mensagem – o currículo, a pedagogia e a avaliação: "o currículo define o que conta como conhecimento válido, a pedagogia define o que conta como transmissão válida do conhecimento, e a avaliação define o que conta como realização válida desse conhecimento de parte de quem é ensinado". Embora alguns de seus primeiros ensaios tenham se concentrado especificamente no currículo, este não é, entretanto, seu foco. Na verdade, Bernstein vai crescentemente deixando de mencionar o termo "currículo", embora ele esteja implícito em várias das fases de sua teoria dos "códigos".

Sua teoria é, entretanto, ao menos em parte, uma teoria sociológica do currículo. Mas Bernstein não está preocupado com o "conteúdo" propriamente dito do currículo. Ele não pergunta por que se ensina esse tipo específico de conhecimento e não outro, nem tampouco por que esse conhecimento particular é considerado válido e aquele outro não. Ele está mais preocupado com as relações estruturais entre os diferentes tipos de conhecimento que constituem o currículo. Bersntein quer saber como o currículo está *estruturalmente* organizado. Além disso, ele pergunta como os diferentes tipos de organização do currículo estão ligados a princípios diferentes de poder e controle. Por exemplo, nos seus primeiros ensaios, Bernstein distinguia dois tipos fundamentais de organização estrutural do currículo: o currículo tipo coleção e o currículo integrado. No currículo tipo coleção, as áreas e campos de conhecimento são mantidos fortemente isolados, separados. Não há permeabilidade entre as diferentes áreas de conhecimento. No currículo integrado, por sua vez, as distinções entre as diferentes áreas de conhecimento são muito menos nítidas, muito menos marcadas. A organização do currículo obedece a um princípio abrangente ao qual se subordinam todas as áreas que o compõem.

Bernstein cunhou um termo para se referir ao maior ou menor grau de isolamento e separação entre as diversas áreas de conhecimento que constituem o currículo: "classificação". Quanto maior o isolamento, maior a classificação. A classificação é uma questão de fronteiras. A classificação responde, basicamente, à questão: que coisas podem ficar juntas? Um currículo do tipo tradicional, marcadamente organizado em torno de disciplinas acadêmicas tradicionais, seria, no jargão de Bernstein, fortemente classificado. Um currículo interdisciplinar, em contraste, seria fracamente classificado.

Bernstein insiste, entretanto, que não se pode separar questões de currículo de questões de pedagogia e avaliação. Não se pode separar, em outras palavras, a análise do que constitui uma organização válida do conhecimento daquilo que constituem formas válidas de transmissão e avaliação do conhecimento. Ele concede particular atenção à questão da pedagogia, à questão da transmissão. Independentemente da forma como o conhecimento é organizado – se de uma forma mais classificada ou menos classificada – há variações na forma como ele é transmitido. O estudante pode ter maior ou menor controle sobre o ritmo da transmissão, por exemplo. Os objetivos a serem atingidos podem ser mais ou menos explícitos. A divisão do espaço pode ser mais ou menos rígida. Os critérios de avaliação podem ser mais ou menos explícitos. Podemos imaginar uma sala de aula tradicional, por exemplo. Aqui, o professor decide o que ensinar, quando ensinar, em que ritmo; decide os critérios pelos quais se pode dizer se o estudante aprendeu ou não. O espaço da transmissão é também rigidamente limitado. Comparemos essa situação com uma sala de aula centrada-no--aluno, com uma sala de aula construtivista, por exemplo. Aqui, a organização do espaço é muito mais livre. Os estudantes têm um grau muito maior de controle sobre o tempo e o ritmo da aprendizagem. Em compensação, os objetivos a serem alcançados e os critérios para saber se esses objetivos foram alcançados são muito menos explícitos. Essa característica do processo de transmissão é designada por um outro termo especializado do jargão de Bernstein: "enquadramento". Quanto maior o controle do processo de transmissão por parte do professor, maior é o enquadramento. Assim, o ensino tradicional tem um forte enquadramento, enquanto o ensino-centrado-no aluno é fracamente enquadrado.

Bernstein faz uma importante distinção entre poder e controle. O poder está essencialmente ligado à classificação. Como vimos, a classificação diz o que é legítimo ou ilegítimo incluir no currículo. A classificação é uma expressão de poder. Se estamos falando de coisas que podem e coisas que não podem, estamos falando de poder. Por outro lado, o controle diz respeito essencialmente à forma da *transmissão*. O controle está associado ao enquadramento, ao ritmo, ao tempo, ao espaço da transmissão.

As noções de poder e de controle de Bernstein são bastante distintas daquelas de outras perspectivas críticas sobre o currículo, sobretudo as marxistas. Elas estão, em um certo sentido, mais próximas da noção de poder de Foucault. Para Bernstein, o poder não é algo que distorce o currículo ou a pedagogia (a transmissão). Essa noção do poder como um fator de distorção implica vislumbrar uma situação de não poder e, portanto, não distorcida, não espúria. Na concepção de Bernstein, trata-se simplesmente de diferentes princípios de poder e controle. Um currículo com fraca classificação, por exemplo, no qual as fronteiras entre os diferentes campos são pouco nítidas não significa ausência de poder, mas simplesmente que está organizado de acordo com princípios diferentes de poder. Do mesmo modo, não se pode dizer que numa forma de transmissão em que os estudantes têm um poder maior de decisão sobre as diversas dimensões da pedagogia (ritmo, tempo, espaço) o controle esteja ausente. Simplesmente estão em ação outros princípios de controle, mais sutis, mas nem por isso menos eficazes. Na verdade, na medida em que implicam uma maior visibilidade de estados subjetivos do educando, podem até ser mais eficazes.

Agora, a questão crucial para Bernstein é: como se aprendem as posições de classe?

Como as estruturas de classe se traduzem em estruturas de consciência? É aqui que entra o importantíssimo conceito de "código". O código é precisamente a gramática da classe. O código é a gramática implícita e diferencialmente adquirida pelas pessoas das diferentes classes – uma gramática que lhes permite distinguir entre os diferentes contextos, distinguir quais são os significados relevantes em cada contexto e como expressar publicamente esses significados nos contextos respectivos. Numa conferência dada em Santiago do Chile, Bernstein fornece um exemplo bastante ilustrativo do conceito de código. Embora seu exemplo não se refira propriamente a um código de classe, mas a um código nacional, podemos facilmente imaginar um exemplo similar ligado à classe. Bernstein dá o exemplo do ritual de beijar a face nos encontros sociais. Como estrangeiro no Chile, ele achava muito difícil saber quando beijar, quem beijar, como beijar. Beijar só mulheres ou homens também? Em quais situações beijar? Quais lados da face beijar? Quantas vezes? As pessoas chilenas sabiam distinguir entre os diferentes contextos (aqui cabe beijar, ali não), sabiam quais eram as formas de beijo apropriadas em cada contexto e sabiam como expressá-las em cada um desses contextos. Elas tinham o código: um conjunto de regras implícitas.

É, pois, o código que faz a ligação entre as estruturas macrossociológicas da classe social, a consciência individual e as interações sociais do nível microssociológico. Bernstein não tem uma definição muito clara do conceito de classe social. Seu conceito de classe social está muito ligado ao conceito de divisão social do trabalho de Durkheim. A classe social é simplesmente a posição que as pessoas ocupam na divisão social do trabalho: se é mais especializada ou menos especializada, se está mais ligada à produção material ou à produção simbólica... Mas o importante é que a posição ocupada na divisão social determina o tipo de código aprendido. O tipo de código determina, por sua vez, a consciência da pessoa, o que ela pensa e, portanto, os significados que ela realiza ou produz na interação social. Nessa base, Bernstein distingue entre dois tipos de código: o código elaborado e o código restrito. No código elaborado, os significados realizados pela pessoa – o "texto" que ela produz – são relativamente independentes do contexto local. Ao contrário, no código restrito, o "texto" produzido na interação social é fortemente dependente do contexto. Podemos imaginar, por exemplo, dois grupos de crianças descrevendo uma gravura qualquer. Um grupo de crianças tende a dar descrições da gravura que dependem do fato de a gravura (o contexto) estar presente para serem intelígiveis. Elas podem dizer, por exemplo, que "a criança está lá embaixo" ou "ela está do lado dela". Outro grupo, entretanto, tende a descrever a gravura de uma forma que pode prescindir de sua presença. Elas podem dizer, por exemplo, que a "criança está embaixo de uma grande árvore" ou "a criança mais velha está ao lado da criança mais nova". Nos termos de Bernstein, o primeiro grupo de crianças está utilizando um código restrito, enquanto o segundo está utilizando um código elaborado. Não existe, na argumentação de Bernstein, nenhuma hierarquia entre os dois códigos. Trata-se, simplesmente, de códigos culturais diferentes.

Como isso se liga ao currículo e à pedagogia? Na perspectiva de Bernstein, aprende-se o código em diversas instâncias sociais, dentre elas a família e a escola. Aprende-se o código, entretanto, sempre de forma implícita, ao se viverem as estruturas sociais em que o código se expressa. No caso da educação, essas estruturas se expressam através do currículo, da pedagogia e da avaliação. No caso do currículo, não se aprende o código através do conteúdo explícito das áreas de conhecimento ou de sua ideologia. O código é implicitamente aprendido através da maior ou menor classificação do currículo ou através do maior ou menor enquadramento da pedagogia. É a estrutura do currículo ou da pedagogia que determina quais modalidades do código serão aprendidas.

A pesquisa inicial de Bernstein estava muito ligada às temáticas centrais da reforma educacional dos anos sessenta. De um lado, estavam as preocupações com o fracasso educacional das crianças e jovens de classe operária. De outro, a época era de reformas educacionais que procuravam diminuir as divisões entre o ensino acadêmico tradicional, dirigido às classes dominantes, e o ensino de caráter mais profissionalizante, destinado à classe operária. Nesse contexto, o esforço de Bernstein consistia em compreender quais as razões daquele fracasso, bem como em compreender o papel das diferentes pedagogias no processo de reprodução cultural – sobretudo o papel daquilo que ele chamou de "pedagogia invisível". Através do desenvolvimento dos conceitos de código elaborado e código restrito, Bernstein queria chamar a atenção para a discrepância entre o código elaborado suposto pela escola e o código restrito das crianças de classe operária, o que poderia estar na origem de seu fracasso escolar. Além disso, indo em direção contrária ao pensamento educacional considerado "progressista", a teorização de Bernstein colocava em dúvida o papel supostamente "progressista" das pedagogias-centradas-na-criança então em voga. Para ele, essas pedagogias simplesmente mudavam os princípios de poder e controle no interior do currículo, deixando intactos os princípios de poder da divisão social.

A teorização de Bernstein não teve o impacto que talvez merecesse em parte por causa de sua linguagem complexa e relativamente obscura. Sua teorização foi se tornando cada vez mais formal ao longo dos anos, tornando-se quase matematizada. Se conseguimos ir além dessa aparente impenetrabilidade, entretanto, há muito o que aprender com ela. Ela continua nos mostrando, sobretudo, que é impossível compreender o currículo (e a pedagogia) sem uma perspectiva sociológica. Afinal, uma teorização crítica da educação não pode deixar de se perguntar qual o papel da escola no processo de reprodução cultural e social. É evidente que o currículo ocupa um papel central nesse processo. A sociologia da educação de Bernstein nos ajuda precisamente a compreender melhor em que consiste esse papel.

Leituras

DOMINGOS, Ana M. et alii. *A teoria de Bernstein em sociologia da educação*. Lisboa: Fundação Calouste Gulbenkian, 1986.

BERNSTEIN, Basil. "Classes e pedagogia: visível e invisível". *Cadernos de pesquisa*, 49, 1984: p. 26-42.

BERNSTEIN, Basil. *Poder, educación y conciencia*. Santiago: CIDE, 1988.

BERNSTEIN, Basil. *A estruturação do discurso pedagógico*. Petrópolis: Vozes, 1996.

BERNSTEIN, Basil. *Pedagogía, control simbólico e identidad*. Madri: Morata, 1998.

Quem escondeu o currículo oculto?

Embora não constitua propriamente uma teoria, a noção de "currículo oculto" exerceu uma forte e estranha atração em quase todas as perspectivas críticas iniciais sobre currículo. A noção de currículo oculto estava implícita, por exemplo, na análise que Bowles e Gintis fizeram da escola capitalista americana. Aqui, através do "princípio da correspondência", eram as relações sociais na escola, mais do que seu conteúdo explícito, que eram responsáveis pela socialização de crianças e jovens nas normas e atitudes necessárias para uma boa adaptação às exigências do trabalho capitalista. Mesmo que não diretamente relacionada à escola, a noção de ideologia desenvolvida por Althusser na segunda parte de seu famoso ensaio, *A ideologia e os aparelhos ideológicos de estado*, apontava, de certa forma, para uma noção que tinha características similares às que eram atribuídas ao "currículo oculto". Como lembramos, Althusser fornecia uma definição de ideologia que destacava sua dimensão prática, material. A ideologia, nessa definição, expressava-se mais através de rituais, gestos e práticas corporais do que através de manifestações verbais. "Aprendia-se" a ideologia através dessas práticas: uma definição que se aproxima bastante da definição de currículo oculto. Na teorização de Bernstein, por exemplo, é através da estrutura do currículo e da pedagogia que se aprendem os códigos de classe. Mas é claro que o conceito de currículo oculto se estendeu para muito além desses exemplos, sendo utilizado por praticamente toda perspectiva crítica de currículo em seu período inicial.

Apesar dessa utilização crítica, o conceito tem sua origem no campo mais conservador da sociologia funcionalista. O conceito foi talvez utilizado pela primeira vez por Philip Jackson, em 1968, no livro *Life in classrooms*. Nas palavras de Jackson, "os grandes grupos, a utilização do elogio e do poder que se combinam para dar um sabor distinto à vida de sala de aula coletivamente formam um currículo oculto, que cada estudante (e cada professor) deve dominar se quiser se dar bem na escola". Caberia a Robert Dreeben, num livro intitulado *On what is learned in school*, ampliar e desenvolver essa definição funcionalista de "currículo oculto". Esses autores funcionalistas já destacavam a determinação estrutural do currículo oculto. Eram as características estruturais da sala de aula e da situação de ensino, mais do que o seu conteúdo explícito, que "ensinavam" certas coisas: as relações de autoridade, a organização espacial, a distribuição do tempo, os padrões de recompensa e castigo.

O que iria distinguir a utilização funcionalista do conceito daquela feita pelas perspectivas críticas seria, essencialmente, a desejabilidade ou não dos comportamentos que eram ensinados, de forma implícita, através do currículo oculto. Nessa visão, os comportamentos assim ensinados eram funcionalmente necessários para o bom funcionamento da sociedade e, portanto, desejáveis. Na análise de Dreeben, por exemplo, a escola, através do tratamento impessoal que, em contraste com a família, ela proporciona, ensina a noção de universalismo necessária ao perfeito funcionamento das sociedades "avançadas". Em direção contrária, nas análises críticas, as atitudes e comportamentos transmitidos através do currículo oculto são vistos como indesejáveis, como uma distorção dos genuínos objetivos da educação, na medida em que moldam as crianças e jovens para se adaptar às injustas estruturas da sociedade capitalista. O exemplo mais claro é talvez o da análise de Bowles e Gintis. Aqui, a escola, através da correspondência entre as relações sociais que ela enfatiza e as relações sociais predominantes no local de trabalho, ensina às crianças e jovens das classes subordinadas como se conformar às exigências de seu papel subalterno nas relações sociais de produção.

Mas o que é, afinal, o currículo oculto? O currículo oculto é constituído por todos aqueles aspectos do ambiente escolar que, sem fazer parte do currículo oficial, explícito, contribuem, de forma implícita, para aprendizagens sociais relevantes. Precisamos especificar melhor, pois, quais são esses *aspectos* e quais são essas *aprendizagens*. Em outras palavras, precisamos saber "o que" se aprende no currículo oculto e através de quais "meios". Para a perspectiva crítica, o que se aprende no currículo oculto são fundamentalmente atitudes, comportamentos, valores e orientações que permitem que crianças e jovens se ajustem da forma mais conveniente às estruturas e às pautas de funcionamento, consideradas injustas e antidemocráticas e, portanto, indesejáveis, da sociedade capitalista. Entre outras coisas, o currículo oculto ensina, em geral, o conformismo, a obediência, o individualismo. Em particular, as crianças das classes operárias aprendem as atitudes próprias ao seu papel de subordinação, enquanto as crianças das classes proprietárias aprendem os traços sociais apropriados ao seu papel de dominação. Numa perspectiva mais ampla, aprendem-se, através do currículo oculto, atitudes e valores próprios de outras esferas sociais, como, por exemplo, aqueles ligados à nacionalidade. Mais recentemente, nas análises que consideram também as dimensões do gênero, da sexualidade ou da raça, aprende-se, no currículo oculto, como ser homem ou mulher, como ser heterossexual ou homossexual, bem como a identificação com uma determinada raça ou etnia.

Agora, quais são os elementos que, no ambiente escolar, contribuem para essas aprendizagens? Como já vimos, uma das fontes do currículo oculto é constituída pelas relações sociais da escola: as relações entre professores e alunos, entre a administração e os alunos, entre alunos e alunos. A organização do espaço escolar é outro dos componentes estruturais através dos quais as crianças e jovens aprendem certos comportamentos sociais: o espaço rigidamente organizado da sala de aula tradicional ensina certas coisas; o espaço frouxamente estruturado da sala de aula mais aberta ensina outro tipo de coisas. Algo similar ocorre com o ensino do tempo, através do qual se aprende a pontualidade, o controle do tempo, a divisão do tempo em unidades discretas, um tempo para cada tarefa etc. O currículo oculto ensina, ainda, através de rituais, regras, regulamentos, normas. Aprende-se também através das diversas divisões e categorizações explícitas ou implícitas próprias da experiência escolar: entre os mais "capazes" e os menos "capazes", entre meninos e meninas, entre um currículo acadêmico e um currículo profissional.

Finalmente, é importante saber o que fazer com um currículo oculto quando encontrarmos um. Na teorização crítica, a noção de currículo oculto implica, como vimos, na possibilidade de termos um momento de iluminação e lucidez, no qual identificamos uma determinada situação como constituindo uma instância de currículo oculto. A ideia é que uma análise baseada nesse conceito permite nos tornarmos conscientes de alguma coisa que até então estava oculta para nossa consciência. A coisa toda consiste, claro, em desocultar o currículo oculto. Parte de sua eficácia reside precisamente nessa sua natureza oculta. O que está implícito na noção de currículo oculto é a ideia de que se conseguirmos desocultá-lo, ele se tornará menos eficaz, ele deixará de ter os efeitos que tem pela única razão de ser oculto. Supostamente, é essa consciência que vai permitir alguma possibilidade de mudança. Tornar-se consciente do currículo oculto significa, de alguma forma, desarmá-lo.

Obviamente, o conceito de "currículo oculto" cumpriu um papel importante no desenvolvimento de uma perspectiva crítica sobre o currículo. Ele expressa uma operação fundamental da análise sociológica, que consiste em descrever os processos sociais que moldam nossa subjetividade como que por detrás de nossas costas, sem nosso conhecimento consciente. Ele condensa uma preocupação sociológica permanente com os processos "invisíveis", com os processos que estão ocultos na compreensão comum que temos da vida cotidiana. Nisso reside, talvez, precisamente sua atração. A noção de "currículo oculto" constituía, assim, um instrumento analítico de penetração na opacidade da vida cotidiana da sala de aula. Ele como que tornava repentinamente transparente aquilo que normalmente aparecia como opaco. "*Voilà*, agora eu vejo...". Nesse sentido, o conceito continua sendo importante, apesar do predomínio de um pós-estruturalismo que enfatiza mais a "visibilidade" do texto e do discurso que a "invisibilidade" das relações sociais.

O conceito tornou-se, entretanto, crescentemente desgastado, o que, talvez, explique seu declínio na análise educacional crítica. Houve provavelmente uma certa trivialização do conceito. Algumas análises limitavam-se a "caçar" instâncias do currículo oculto por toda parte, num esforço de catalogação, esquecendo-se de suas conexões com processos e relações sociais mais amplos. Por outro lado, a ideia de "currículo oculto" estava associada a um estruturalismo que iria ser progressivamente questionado pelas perspectivas críticas. Se as características estruturais do currículo oculto eram tão determinantes, não haveria muito a fazer para transformá-lo. O particípio passado – "oculto" – que adjetivava a palavra "currículo" indicava que o ato de ocultação era resultado de uma ação impessoal, abstrata, estrutural. Ninguém, precisamente, era responsável por ter escondido o currículo oculto. O que tinha constituído sua força acabara por decretar seu enfraquecimento como um conceito importante da teorização crítica sobre currículo. Finalmente, numa era neoliberal de afirmação explícita da subjetividade e dos valores do capitalismo, não existe mais muita coisa oculta no currículo. Com a ascensão neoliberal, o currículo tornou-se assumidamente capitalista.

Leituras

SANTOMÉ, Jurjo T. *El curriculum oculto*. Madrid: Morata, 1995.

SILVA, Tomaz T. da. "A economia política do currículo oculto". In: *O que produz e o que reproduz em educação*. Porto Alegre: Artes Médicas, 1992.

III. AS TEORIAS PÓS-CRÍTICAS

Diferença e identidade:
o currículo multiculturalista

Tornou-se lugar-comum destacar a diversidade das formas culturais do mundo contemporâneo. É um fato paradoxal, entretanto, que essa suposta diversidade conviva com fenômenos igualmente surpreendentes de homogeneização cultural. Ao mesmo tempo que se tornam visíveis manifestações e expressões culturais de grupos dominados, observa-se o predomínio de formas culturais produzidas e veiculadas pelos meios de comunicação de massa, nas quais aparecem de forma destacada as produções culturais estadunidenses. Vejam-se, por exemplo, as vinhetas intituladas "sons e imagens de...", veiculadas pela CNN, a poderosa rede estadunidense de TV a cabo, nas quais se apresentam, a cada vez, de forma sintética, supostos aspectos de diversas culturas nacionais. A "diversidade" cultural é, aqui, *fabricada* por um dos mais poderosos instrumentos de homogeneização. Trata-se de um exemplo claro do caráter ambíguo dos processos culturais pós-modernos. O exemplo também serve para mostrar que não se pode separar questões culturais de questões de poder.

É nesse contexto que devemos analisar as conexões entre currículo e multiculturalismo. O chamado "multiculturalismo" é um fenômeno que, claramente, tem sua origem nos países dominantes do Norte. O multiculturalismo, tal como a cultura contemporânea, é fundamentalmente ambíguo. Por um lado, o multiculturalismo é um movimento legítimo de reivindicação dos grupos culturais dominados no interior daqueles países para terem suas formas culturais reconhecidas e representadas na cultura nacional. O multiculturalismo pode ser visto, entretanto, também como uma solução para os "problemas" que a presença de grupos raciais e étnicos coloca, no interior daqueles países, para a cultura nacional dominante. De uma forma ou de outra, o multiculturalismo não pode ser separado das relações de poder que, antes de mais nada, obrigaram essas diferentes culturas raciais, étnicas e nacionais a viverem no mesmo espaço. Afinal, a atração que movimenta os enormes fluxos migratórios em direção aos países ricos não pode ser separada das relações de exploração que são responsáveis pelos profundos desníveis entre as nações do mundo. Os dizeres de uma camiseta vestida por um imigrante num metrô de Londres, embora se refiram mais especificamente apenas às relações de exploração coloniais, expressam bem essa conexão: "Nós estamos aqui porque vocês estiveram lá".

Apesar dessa ambiguidade ou, quem sabe, exatamente por causa dessa ambiguidade, o multiculturalismo representa um importante instrumento de luta política. O multiculturalismo transfere para o terreno político uma compreensão da diversidade cultural que esteve restrita, durante muito tempo, a campos especializados como o da Antropologia. Embora a própria Antropologia não deixasse de criar suas próprias relações de saber-poder, ela contribuiu para tornar aceitável a ideia de que não se pode estabelecer uma hierarquia entre as culturas humanas, de que todas as culturas são epistemológica e antropologicamente equivalentes. Não é possível estabelecer nenhum critério transcendente pelo qual uma determinada cultura possa ser julgada superior a outra.

É essa compreensão antropológica da cultura que fundamenta, de certa forma, grande parte do atual impulso multiculturalista. Nessa visão, as diversas culturas seriam o resultado das diferentes formas pelas quais os variados grupos humanos, submetidos a diferentes condições ambientais e históricas, realizam o potencial criativo que seria uma característica comum de todo ser humano. As diferenças culturais seriam apenas a manifestação superficial de características humanas mais profundas. Os diferentes grupos culturais se tornariam igualados por sua comum humanidade.

Essa perspectiva está na base daquilo que se poderia chamar de um "multiculturalismo liberal" ou "humanista". É em nome dessa humanidade comum que esse tipo de multiculturalismo apela para o respeito, a tolerância e a convivência pacífica entre as diferentes culturas. Deve-se tolerar e respeitar a diferença porque sob a aparente diferença há uma mesma humanidade.

Essa visão liberal ou humanista de multiculturalismo é questionada por perspectivas que se poderiam caracterizar como mais políticas ou críticas. Nestas perspectivas, as diferenças culturais não podem ser concebidas separadamente de relações de poder. A referência do multiculturalismo liberal a uma humanidade comum é rejeitada por fazer apelo a uma essência, a um elemento transcendente, a uma característica fora da sociedade e da história. Na perspectiva crítica não é apenas a diferença que é resultado de relações de poder, mas a própria definição daquilo que pode ser definido como "humano".

A perspectiva crítica de multiculturalismo está dividida, por sua vez, entre uma concepção pós-estruturalista e uma concepção que se poderia chamar de "materialista". Para a concepção pós-estruturalista, a diferença é essencialmente um processo linguístico e discursivo. A diferença não pode ser concebida fora dos processos linguísticos de significação. A diferença não é uma característica natural: ela é discursivamente produzida. Além disso, a diferença é sempre uma relação: não se pode ser "diferente" de forma absoluta; é-se diferente relativamente a alguma outra coisa, considerada precisamente como "não diferente". Mas essa "outra coisa" não é nenhum referente absoluto, que exista fora do processo discursivo de significação: essa "outra coisa", o "não diferente", também só faz sentido, só existe, na "relação de diferença" que a opõe ao "diferente". Na medida em que é uma relação social, o processo de significação que produz a "diferença" se dá em conexão com relações de poder. São as relações de poder que fazem com que a "diferença" adquira um sinal, que o "diferente" seja avaliado negativamente relativamente ao "não diferente". Inversamente, se há sinal, se um dos termos da diferença é avaliado positivamente (o "não diferente") e o outro, negativamente (o "diferente"), é porque há poder.

Essa visão pós-estruturalista da diferença pode ser criticada, entretanto, por seu excessivo textualismo, por sua ênfase em processos discursivos de produção da diferença. Uma perspectiva mais "materialista", em geral inspirada no marxismo, enfatiza, em troca, os processos institucionais, econômicos, estruturais que estariam na base da produção dos processos de discriminação e desigualdade baseados na diferença cultural. Assim, por exemplo, a análise do racismo não pode ficar limitada a processos exclusivamente discursivos, mas deve examinar também (ou talvez principalmente) as estruturas institucionais e econômicas que estão em sua base. O racismo não pode ser eliminado simplesmente através do combate a expressões linguísticas racistas, mas deve incluir também o combate à discriminação racial no emprego, na educação, na saúde.

Quais as implicações curriculares dessas diferentes visões de multiculturalismo? Nos Estados Unidos, o multiculturalismo originou-se exatamente como uma questão educacional ou curricular. Os grupos culturais subordinados – as mulheres, os negros, as mulheres e os homens homossexuais – iniciaram uma forte crítica àquilo que consideravam como o cânon literário, estético e científico do currículo universitário tradicional. Eles caracterizavam esse cânon como a expressão do privilégio da cultura branca, masculina, europeia, heterossexual. O cânon do currículo universitário fazia passar por "cultura comum" uma cultura bastante particular – a cultura do grupo culturalmente e socialmente dominante. Na perspectiva dos grupos culturais dominados, o currículo universitário deveria incluir uma amostra que fosse mais representativa das contribuições das diversas culturas subordinadas.

Embora as várias perspectivas multiculturalistas aceitem esse princípio mínimo comum, elas divergem, entretanto, em aspectos importantes. A perspectiva liberal ou humanista enfatiza um currículo multiculturalista baseado nas ideias de tolerância, respeito e convivência harmoniosa entre as culturas. Da perspectiva mais crítica, entretanto, essas noções deixariam intactas as relações de poder que estão na base da produção da diferença. Apesar de seu impulso aparentemente generoso, a ideia de tolerância, por exemplo, implica também uma certa superioridade por parte de quem mostra "tolerância". Por outro lado, a noção de "respeito" implica um certo essencialismo cultural, pelo qual as diferenças culturais são vistas como fixas, como já definitivamente estabelecidas, restando apenas "respeitá-las". Do ponto de vista mais crítico, as diferenças estão sendo constantemente produzidas e reproduzidas através de relações de poder. As diferenças não devem ser simplesmente respeitadas ou toleradas. Na medida em que elas estão sendo constantemente feitas e refeitas, o que se deve focalizar são precisamente as relações de poder que presidem sua produção. Um currículo inspirado nessa concepção não se limitaria, pois, a ensinar a tolerância e o respeito, por mais desejável que isso possa parecer, mas insistiria, em vez disso, numa análise dos processos pelos quais as diferenças são produzidas através de relações de assimetria e desigualdade. Num currículo multiculturalista crítico, a diferença, mais do que tolerada ou respeitada, é colocada permanentemente em questão.

Nos Estados Unidos, a posição multiculturalista tem sido ferozmente atacada por grupos conservadores e tradicionalistas.

Na verdade, até mesmo pessoas consideradas progressistas têm dirigido críticas ao multiculturalismo. Na versão mais conservadora da crítica, o multiculturalismo representa um ataque aos valores da nacionalidade, da família, da herança cultural comum. Em termos curriculares, o multiculturalismo, nessa visão, pretende substituir o estudo das obras consideradas como de excelência da produção intelectual ocidental pelas obras consideradas intelectualmente inferiores produzidas por representantes das chamadas "minorias" – negros, mulheres, homossexuais. São os próprios valores da civilização ocidental, por outro lado, que estão em risco quando o estilo de vida dos homossexuais, por exemplo, se torna matéria curricular. Numa versão mais progressista da crítica, o multiculturalismo, ao enfatizar a manifestação de múltiplas identidades e tradições culturais, fragmentaria uma cultura nacional única e comum, com implicações políticas regressivas. O problema com esse tipo de crítica é que ela deixa de ver que a suposta "cultura nacional comum" confunde-se com a cultura dominante. Aquilo que unifica não é o resultado de um processo de reunião das diversas culturas que constituem uma nação, mas de uma luta em que regras precisas de inclusão e exclusão acabaram por selecionar e nomear uma cultura específica, particular, como a "cultura nacional comum".

De um ponto de vista mais epistemológico, o multiculturalismo tem sido criticado por seu suposto relativismo. Na visão dessa crítica, existem certos valores e certas instituições que são universais, que transcendem as características culturais específicas de grupos particulares. Curiosamente, entretanto, esses valores e instituições tidos como universais acabam coincidindo com os valores e instituições das chamadas "democracias representativas" ocidentais, concebidos no contexto do Iluminismo e consolidados no período chamado "moderno". Qualquer posição que questione esses valores e essas instituições é vista como relativista. Da perspectiva multiculturalista crítica, não existe nenhuma posição transcendental, privilegiada, a partir da qual se possam definir certos valores ou instituições como universais. Essa posição é sempre enunciativa, isto é, ela depende da posição de poder de quem a afirma, de quem a enuncia. A questão do universalismo e do relativismo deixa, assim, de ser epistemológica para ser política.

Parece haver uma evidente continuidade entre a perspectiva multiculturalista e a tradição crítica de currículo. Ao ampliar e radicalizar a pergunta crítica fundamental relativamente ao currículo (o que conta como conhecimento?), o multiculturalismo aumentou nossa compreensão sobre as bases sociais da epistemologia. A tradição crítica inicial chamou nossa atenção para as determinações de classe do currículo. O multiculturalismo mostra que o gradiente da desigualdade em matéria de educação e currículo é função de outras dinâmicas, como as de gênero, raça e sexualidade, por exemplo, que não podem ser reduzidas à dinâmica de classe. Além disso, o multiculturalismo nos faz lembrar que a igualdade não pode ser obtida simplesmente através da igualdade de acesso ao currículo hegemônico existente, como nas reivindicações educacionais progressistas anteriores. A obtenção da igualdade depende de uma modificação substancial do currículo existente. Não haverá "justiça curricular", para usar uma expressão de Robert Connell, se o cânon curricular não for modificado para refletir as formas pelas quais a diferença é produzida por relações sociais de assimetria.

Leituras

DAYRELL, Juarez (org.). *Múltiplos olhares sobre educação e cultura*. Belo Horizonte: Editora da UFMG, 1996.

HALL, Stuart. "Identidade cultural e diáspora". *Revista do Patrimônio Histórico e Artístico Nacional*, 24, 1996: p.68-75.

HALL, Stuart. *A identidade cultural na pós-modernidade*. Rio: DP&A, 1998.

GONÇALVES, Luiz A. O. e SILVA, Petronilha B. G. *O jogo das diferenças: o multiculturalismo e seus contextos*. Belo Horizonte: Autêntica, 1998.

As relações de gênero e a pedagogia feminista

Inicialmente, a teorização crítica sobre a educação e o currículo concentrou-se na análise da dinâmica de classe no processo de reprodução cultural da desigualdade e das relações hierárquicas na sociedade capitalista. A crescente visibilidade do movimento e da teorização feminista, entretanto, forçou as perspectivas críticas em educação a concederem importância crescente ao papel do gênero na produção da desigualdade.

O próprio conceito de gênero tem uma história relativamente recente. Aparentemente, a palavra "gênero" foi utilizada pela primeira vez num sentido próximo do atual pelo biólogo estadunidense John Money, em 1955, precisamente para dar conta dos aspectos sociais do sexo. Antes disso, a palavra "gênero", em inglês, tal como em português, estava restrita à gramática, para designar o "sexo" dos substantivos. Posteriormente, sua definição foi se tornando crescentemente mais sofisticada. "Gênero" opõe-se, pois, a "sexo": enquanto este último termo fica reservado aos aspectos estritamente biológicos da identidade sexual, o termo "gênero" refere-se aos aspectos socialmente construídos do processo de identificação sexual. Essa separação é hoje questionada por algumas perspectivas teóricas, que argumentam que não existe identidade sexual que não seja já, de alguma forma, discursiva e socialmente construída, mas a distinção conserva sua utilidade.

Na crítica do currículo, a utilização do conceito de gênero segue uma trajetória semelhante à da utilização do conceito de classe. As perspectivas críticas sobre currículo tornaram-se crescentemente questionadas por ignorarem outras dimensões da desigualdade que não fossem aquelas ligadas à classe social. Especificamente, questionavam-se as perspectivas críticas por deixarem de levar em consideração o papel do gênero e da raça no processo de produção e reprodução da desigualdade. O feminismo vinha mostrando, com força cada vez maior, que as linhas do poder da sociedade estão estruturadas não apenas pelo capitalismo, mas também pelo patriarcado. De acordo com essa teorização feminista, há uma profunda desigualdade dividindo homens e mulheres, com os primeiros apropriando-se de uma parte gritantemente desproporcional dos recursos materiais e simbólicos da sociedade. Essa repartição desigual estende-se, obviamente, à educação e ao currículo.

Tal como ocorreu com a análise da desigualdade centrada na classe social, a análise da dinâmica do gênero em educação esteve preocupada, inicialmente, com questões de *acesso*. Estava claro, para essa análise, que o nível de educação das mulheres, em muitos países, sobretudo naqueles situados na periferia do capitalismo, era visivelmente mais baixo que o dos homens, refletindo seu acesso desigual às instituições educacionais. Mesmo naqueles países em que o acesso era aparentemente igualitário, havia desigualdades internas de acesso aos recursos educacionais: os currículos eram desigualmente divididos por gênero. Certas matérias e disciplinas eram consideradas naturalmente masculinas, enquanto outras eram consideradas naturalmente femininas. Da mesma forma, certas carreiras e profissões eram consideradas monopólios masculinos, estando praticamente vedadas às mulheres.

Nesse tipo de análise, considerava-se que o acesso diferencial das mulheres à educação devia-se a crenças e atitudes profundamente entranhadas nas pessoas e nas instituições. Particularmente, questionavam-se os estereótipos ligados ao gênero como responsáveis pela relegação das mulheres a certos tipos "inferiores" de currículos ou de profissões. Os estereótipos de gênero estavam não apenas amplamente disseminados, mas eram parte integrante da formação que se dava nas próprias instituições educacionais. O currículo educacional refletia e reproduzia os estereótipos da sociedade mais ampla. A literatura crítica concentrou-se em analisar, por exemplo, os materiais curriculares, tais como os livros didáticos, que caracteristicamente faziam circular e perpetuavam esses estereótipos. Um livro didático que sistematicamente apresentasse as mulheres como enfermeiras e os homens como médicos, por exemplo, estava claramente contribuindo para reforçar esse estereótipo e, consequentemente, dificultando que as mulheres chegassem às faculdades de Medicina. De forma similar, os estereótipos e os preconceitos de gênero eram internalizados pelos próprios professores e professoras que inconscientemente esperavam coisas diferentes de meninos e de meninas. Essas expectativas, por sua vez, determinavam a carreira educacional desses meninos e dessas meninas, reproduzindo, assim, as desigualdades de gênero.

A análise dos estereótipos de gênero já prenunciava, entretanto, uma questão que iria dominar aquilo que se poderia chamar de segunda fase da análise de gênero no currículo. Nessa segunda fase, a ênfase desloca-se do *acesso* para o *quê* do acesso. Não se trata mais simplesmente de ganhar acesso às instituições e formas de conhecimento do patriarcado mas de transformá-las radicalmente para refletir os interesses e as experiências das mulheres. O simples acesso pode tornar as mulheres iguais aos homens – mas num mundo ainda *definido* pelos homens.

As análises feministas mais recentes enfatizam, de forma crescente, que o mundo social está feito de acordo com os interesses e as formas masculinas de pensamento e conhecimento. Podemos utilizar uma comparação para nos ajudar a compreender a mudança radical que está envolvida nesse deslocamento. Vamos transferir, por um momento, a questão da divisão entre os gêneros para uma hipotética divisão em termos de altura. Vamos supor que o mundo estivesse dividido em duas metades: uma metade de pessoas altas e outra metade de pessoas extremamente baixas. Vamos supor ainda que o mundo estivesse feito à escala das pessoas altas, ou seja, que tudo estivesse construído levando em conta esta sua altura. Numa tal situação, parece evidente que qualquer reivindicação de igualdade por parte das pessoas baixas não poderia se limitar a ganhar acesso a esse mundo talhado à medida das pessoas altas, mas deveria tentar modificar esse próprio mundo para que ele refletisse também a experiência das pessoas mais baixas.

Os arranjos sociais e as formas de conhecimento existentes são aparentemente apenas humanos: eles refletem a história e a experiência do ser humano em geral, sem distinção de gênero. O que a análise feminista vai questionar é precisamente essa aparente neutralidade – em termos de gênero – do mundo social. A sociedade está feita de acordo com as características do gênero dominante, isto é, o masculino. Na análise feminista, não existe nada de mais masculino, por exemplo, do que a própria ciência. A ciência reflete uma perspectiva eminentemente masculina. Ela expressa uma forma de conhecer que supõe uma separação rígida entre sujeito e objeto. Ela parte de um impulso de dominação e controle: sobre a natureza e sobre os seres humanos. Ela cinde corpo e mente, cognição e desejo, racionalidade e afeto. Essa análise da masculinidade da ciência pode ser estendida para praticamente qualquer campo ou instituição social.

A perspectiva feminista implica, pois, uma verdadeira reviravolta epistemológica. Ela amplia o *insight*, desenvolvido em certas vertentes do marxismo e na sociologia do conhecimento, de que a epistemologia é sempre uma questão de posição. Dependendo de onde estou socialmente situado, conheço certas coisas e não outras. Não se trata simplesmente de uma questão de acesso, mas de perspectiva. De acordo com certas análises, as formas de conhecimento das pessoas em situação de desvantagem social seriam, inclusive, epistemologicamente melhores. Da perspectiva feminista que aqui nos interessa, é suficiente, entretanto, reter o fato de que a epistemologia não é nunca neutra, mas reflete sempre a experiência de quem conhece. Apenas numa concepção que separa *quem* conhece *daquilo* que é conhecido é que se pode conceber um conhecimento objetivamente neutro.

É essa reviravolta epistemológica que torna a perspectiva feminista tão importante para a teoria curricular. Na medida em que reflete a epistemologia dominante, o currículo existente é também claramente masculino. Ele é a expressão da cosmovisão masculina. O currículo oficial valoriza a separação entre sujeito e conhecimento, o domínio e o controle, a racionalidade e a lógica, a ciência e a técnica, o individualismo e a competição. Todas essas características refletem as experiências e os interesses masculinos, desvalorizando, em troca, as estreitas conexões entre quem conhece e o que é conhecido, a importância das ligações pessoais, a intuição e o pensamento divergente, as artes e a estética, o comunitarismo e a cooperação – características que estão, todas, ligadas às experiências e aos interesses das mulheres. A solução não consistiria simplesmente numa inversão, mas em construir currículos que refletissem, de forma equilibrada, tanto a experiência masculina quanto a feminina. Seria desejável que todas as pessoas cultivassem características que normalmente são consideradas como pertencendo a apenas um dos gêneros. Algumas qualidades consideradas masculinas seriam, entretanto, claramente menos desejáveis que as femininas, como é o caso, por exemplo, da necessidade de controle e domínio.

A celebração das qualidades e experiências femininas na epistemologia e no currículo não é, entretanto, feita sem problemas. Um grupo de feministas ligadas à educação advogam um currículo que inclua aquelas características consideradas femininas por considerarem que elas são altamente desejáveis do ponto de vista humano. Desse ponto de vista, a experiência da maternidade – real ou potencial – levaria as mulheres, por exemplo, a enfatizarem as conexões pessoais ou, de forma mais geral, uma conexão com o mundo que não faz parte da experiência dos homens, a não ser de forma indireta. Essa necessidade de conexão é uma qualidade mais desejável do que, por exemplo, a necessidade de controle e domínio, vista como uma característica eminentemente masculina. Outras análises argumentam que enfatizar essas características supostamente femininas significa simplesmente reforçar estereótipos que relegam as mulheres a papéis considerados socialmente inferiores. As defensoras da primeira posição argumentariam, talvez, que elas não estão afirmando que as mulheres deveriam se restringir aos papéis que tradicionalmente lhes foram atribuídos, mas que deveriam transformar *todas* as instituições em que trabalham ou vivem, para que reflitam aquelas qualidades e experiências consideradas como femininas e *desejáveis*. A tensão entre as duas posições não será facilmente resolvida. Na verdade, talvez ela não deva ser mesmo resolvida, pois reflete a tensão e os dilemas do próprio processo social.

A introdução do conceito de gênero na teoria feminista teve o mérito de chamar a atenção para o caráter relacional das relações entre os sexos. Um termo relacional ajuda a deslocar o foco da análise: não são simplesmente as mulheres que são vistas como problema, mas principalmente os homens, na medida em que estão situados no pólo de poder da relação. Embora tenha sua origem no campo dos Estudos das Mulheres, "análise de gênero" não é sinônimo de "estudo das mulheres". Essa compreensão tem levado a um aumento significativo nos estudos que focalizam a questão da masculinidade. De forma geral, a pergunta é: como se forma a masculinidade, como se faz do homem um homem? De forma mais importante, pergunta-se: como a formação da masculinidade está ligada à posição privilegiada de poder que os homens detêm na sociedade? Ou ainda: como certas características sociais, que podem ser vistas como indesejáveis do ponto de vista de uma sociedade justa e igualitária, como a violência e os impulsos de domínio e controle, estão ligadas à formação da masculinidade? Em termos curriculares, pode-se perguntar: como o currículo está implicado na formação dessa masculinidade? Que conexões existem entre as formas como o currículo produz e reproduz essa masculinidade e as formas de violência, controle e domínio que caracterizam o mundo social mais amplo? Esse tipo de investigação mostra que as questões de gênero têm implicações que não são apenas epistemológicas: elas têm a ver com problemas e preocupações que são vitais para o mundo e a época em que vivemos.

Ao mesmo tempo em que a teoria educacional e curricular reconhecia, de forma crescente, a importância das questões de gênero, desenvolvia-se, na área originalmente conhecida como "Estudos da Mulher" (*Women's Studies*), sobretudo nos Estados Unidos, uma preocupação com uma "pedagogia feminista". A chamada "pedagogia feminista" tem uma história que é bastante independente da história das preocupações com gênero na teoria educacional. Em primeiro lugar, estando localizada principalmente na universidade, sobretudo nos então recentemente criados departamentos de "Estudos da Mulher", a pedagogia feminista centrava-se precisamente em questões pedagógicas ligadas ao ensino *universitário* de temas feministas e de gênero, dedicando pouca ou nenhuma atenção às questões pedagógicas dos outros níveis de ensino. Em segundo lugar, como uma prática que se desenvolvia precisamente nos cursos e aulas dedicados ao feminismo e ao gênero, a pedagogia feminista centrava-se mais na questão da *pedagogia* do que na questão de um currículo que fosse inclusivo em termos de *gênero*. De certa forma, o gênero já estava lá, por definição. Assim, a pedagogia feminista preocupou-se, sobretudo, em desenvolver formas de ensino que refletissem os valores feministas e que pudessem formar um contraponto às práticas pedagógicas tradicionais, que eram consideradas como expressão de valores masculinos e patriarcais. A pedagogia feminista tentava construir um ambiente de aprendizagem que valorizasse o trabalho coletivo, comunitário e cooperativo, facilitando o desenvolvimento de uma solidariedade feminina, em oposição ao espírito de competição e individualismo dominante na sala de aula tradicional. Mesmo não estando centrada especificamente em questões curriculares, a pedagogia feminista pode servir de inspiração para uma perspectiva curricular preocupada com questões de gênero, na medida em que o currículo não pode ser separado da pedagogia.

Não se pode dizer que o currículo oficial tenha incorporado sequer parte dos importantes *insights* da pedagogia feminista e dos estudos de gênero. Nenhuma perspectiva que se pretenda "crítica" ou pós-crítica pode, entretanto, ignorar as estreitas conexões entre conhecimento, identidade de gênero e poder teorizadas por essas análises. O currículo é, entre outras coisas, um artefato de gênero: um artefato que, ao mesmo tempo, corporifica e produz relações de gênero. Uma perspectiva crítica de currículo que deixasse de examinar essa dimensão do currículo constituiria uma perspectiva bastante parcial e limitada desse artefato que é o currículo.

Leituras

LOURO, Guacira L. *Gênero, sexualidade e educação*. Petrópolis: Vozes, 1997.

GORE, Jennifer M. *Controversias entre las pedagogías. Discursos críticos y feministas como regímenes de verdad*. Madrid: Morata, 1996.

WALKERDINE, Valerie. "O raciocínio em tempos modernos". *Educação e realidade*, 20(2), 1995: p.207-226.

O currículo como narrativa étnica e racial

A teorização crítica sobre o currículo esteve inicialmente concentrada, como sabemos, na análise da dinâmica de classe, da qual as chamadas "teorias da reprodução" constituem um bom exemplo. Tornou-se logo evidente, entretanto, que as relações de desigualdade e de poder na educação e no currículo não podiam ficar restritas à classe social. Como análise política e sociológica, a teoria crítica do currículo tinha que levar em conta também as desigualdades educacionais centradas nas relações de gênero, raça e etnia. Ainda mais importante era descrever e explicar as complexas inter-relações entre essas diferentes dinâmicas de hierarquização social: não se tratava simplesmente de somá-las.

Tal como ocorrera com a classe e com o gênero, as teorias críticas focalizadas na dinâmica da raça e da etnia também se concentraram, inicialmente, em questões de acesso à educação e ao currículo. A questão consistia em analisar os fatores que levavam ao consistente fracasso escolar das crianças e jovens pertencentes a grupos étnicos e raciais considerados minoritários. Embora muitas dessas análises se concentrassem nos mecanismos sociais e institucionais que supostamente estavam na raiz desse fracasso, elas, em geral, deixavam de questionar o tipo de conhecimento que estava no centro do currículo que era oferecido às crianças e jovens pertencentes àqueles grupos. Para essas perspectivas, não havia nada de "errado" com o currículo em si, que deixava, assim, de ser problematizado. Foi apenas a partir de uma segunda fase, surgida sobretudo a partir das análises pós-estruturalistas e dos Estudos Culturais, que o próprio currículo passou a ser problematizado como sendo racialmente enviesado. É também nas análises mais recentes que os próprios conceitos de "raça" e "etnia" se tornam crescentemente problematizados.

No início de um debate publicado na revista estadunidense *Harper's Magazine*, entre Cornel West, um intelectual negro, e Jorge Klor de Alva, um antropólogo de descendência mexicana, ambos estadunidenses, lemos o seguinte diálogo (Earl Shorris é o intermediador): Earl Shorris

– Para começar, gostaria de perguntar: Cornel, você é um homem negro? Cornel West – Sim. Earl Shorris – Jorge, você acha que Cornel é um homem negro? Jorge K. de Alva – Não, por enquanto.

Eles passam a expor, em seguida, as razões de suas respectivas respostas. Ao final do debate, o intermediador volta a repetir a mesma pergunta: Earl Shorris – Vamos ver se aconteceu alguma coisa nesta conversa. Cornel, você é um homem negro? Cornel West – É claro que sim. Earl Shorris – Jorge, ele é um homem negro? Jorge K. de Alva – É claro que não.

A conversa entre os dois intelectuais ilustra algumas das dificuldades e complexidades da identidade racial e étnica. Jorge K. de Alva estava tentando enfatizar o caráter histórico e construído das categorias raciais. Cornel West, sem deixar de reconhecer esse caráter, tentava demonstrar a importância política e estratégica do sentimento de identificação étnica e racial. Ambas as perspectivas podem ser encontradas na teorização social contemporânea sobre raça e etnia. É precisamente nessa difícil problemática que se inserem as teorizações críticas contemporâneas sobre currículo preocupadas com a identidade étnica e racial.

A identidade étnica e racial é, desde o começo, uma questão de saber e poder. A própria história do termo mais fortemente carregado e polêmico, o de "raça", está estreitamente ligada às relações de poder que opõem o homem branco europeu às populações dos países por ele colonizados. Consolidado no século XIX, como uma forma de classificação supostamente científica da variedade dos grupos humanos, com base em características físicas e biológicas, o termo "raça" tornou-se, nesse sentido, crescentemente desacreditado. A moderna genética demonstrou que não existe nenhum conjunto de critérios físicos e biológicos que autorize a divisão da humanidade em qualquer número determinado de "raças". A mesma observação vale para o termo "etnia". Até mesmo a oposição que frequentemente se faz entre "raça" e "etnia" perde, dessa perspectiva, o sentido. Em geral, reserva-se o termo "raça" para identificações baseadas em caracteres físicos como a cor da pele, por exemplo, e o termo "etnia" para identificações baseadas em características supostamente mais culturais, tais como religião, modos de vida, língua etc. A confusão causada por essa problemática distinção é tão grande que em certas análises "raça" é considerado o termo mais geral, abrangendo o de "etnia", enquanto que em outras análises é justamente o contrário. Na primeira perspectiva, as etnias seriam subconjuntos de uma determinada raça; na segunda, a "etnia" seria mais abrangente que "raça" por compreender, além das características físicas definidoras da raça, também características culturais. Dadas as dificuldades dessa distinção, grande parte da literatura simplesmente utiliza os dois termos de forma equivalente.

O que essa discussão demonstra é precisamente o caráter cultural e discursivo de ambos os termos. O fato de que o termo "raça" não tenha nenhum referente "físico", "biológico", "real", não o torna menos "real" em termos culturais e sociais. Por outro lado, na teoria social contemporânea, sobretudo naquela inspirada pelo pós-estruturalismo, raça e etnia tampouco podem ser considerados como construtos culturais fixos, dados, definitivamente estabelecidos. Precisamente por dependerem de um processo histórico e discursivo de construção da diferença, raça e etnia estão sujeitas a um constante processo de mudança e transformação. Na teoria social contemporânea, a diferença, tal como a identidade, não é um fato, nem uma coisa. A diferença, assim como a identidade, é um processo relacional. Diferença e identidade só existem numa relação de mútua dependência. O que é (a identidade) depende do que não é (a diferença) e vice-versa. É por isso que a teoria social contemporânea sobre identidade cultural e social recusa-se a simplesmente descrever ou celebrar a diversidade cultural. A diversidade tampouco é um fato ou uma coisa. Ela é o resultado de um processo relacional – histórico e discursivo – de construção da diferença.

É através do vínculo entre conhecimento, identidade e poder que os temas da raça e da etnia ganham seu lugar na teoria curricular. O texto curricular, entendido aqui de forma ampla – o livro didático e paradidático, as lições orais, as orientações curriculares oficiais, os rituais escolares, as datas festivas e comemorativas – está recheado de narrativas nacionais, étnicas e raciais. Em geral, essas narrativas celebram os mitos da origem nacional, confirmam o privilégio das identidades dominantes e tratam as identidades dominadas como exóticas ou folclóricas. Em termos de representação racial, o texto curricular conserva, de forma evidente, as marcas da herança colonial. O currículo é, sem dúvida, entre outras coisas, um texto racial. A questão da raça e da etnia não é simplesmente um "tema transversal": ela é uma questão central de conhecimento, poder e identidade. O conhecimento sobre raça e etnia incorporado no currículo não pode ser separado daquilo que as crianças e os jovens se tornarão como seres sociais. A questão torna-se, então: como desconstruir o texto racial do currículo, como questionar as narrativas hegemônicas de identidade que constituem o currículo?

Uma perspectiva crítica buscaria incorporar ao currículo, devidamente adaptadas, aquelas estratégias de desconstrução das narrativas e das identidades nacionais, étnicas e raciais que têm sido desenvolvidas nos campos teóricos do pós-estruturalismo, dos Estudos Culturais e dos Estudos Pós-coloniais. Ela não procederia por simples operação de adição, através da qual o currículo se tornaria "multicultural" pelo simples acréscimo de informações superficiais sobre outras culturas e identidades. Uma perspectiva crítica de currículo buscaria lidar com a questão da diferença como uma questão histórica e política. Não se trata simplesmente de celebrar a diferença e a diversidade, mas de questioná-las. Quais são os mecanismos de construção das identidades nacionais, raciais, étnicas? Como a construção da identidade e da diferença está vinculada a relações de poder? Como a identidade dominante tornou-se a referência invisível através da qual se constroem as outras identidades como subordinadas? Quais são os mecanismos institucionais responsáveis pela manutenção da posição subordinada de certos grupos étnicos e raciais? Um currículo centrado em torno desse tipo de questões evitaria reduzir o multiculturalismo a uma questão de informação. Um currículo multiculturalista desse tipo deixaria de ser folclórico para se tornar profundamente político.

Um currículo crítico inspirado nas teorias sociais que questionam a construção social da raça e da etnia também evitaria tratar a questão do racismo de forma simplista. Em primeiro lugar, dessa perspectiva, o racismo não pode ser concebido simplesmente como uma questão de preconceito individual. O racismo é parte de uma matriz mais ampla de estruturas institucionais e discursivas que não podem simplesmente ser reduzidas a atitudes individuais. Tratar o racismo como questão individual leva a uma pedagogia e a um currículo centrados numa simples "terapêutica" de atitudes individuais consideradas erradas. O foco de uma tal estratégia passa a ser o "racista" e não o "racismo". Um currículo crítico deveria, ao contrário, centrar-se na discussão das causas institucionais, históricas e discursivas do racismo. É claro que as atitudes racistas individuais devem ser questionadas e criticadas, mas sempre como parte da formação social mais ampla do racismo.

Tratar o racismo como questão institucional e estrutural não significa, entretanto, ignorar sua profunda dinâmica psíquica. A atitude racista é o resultado de uma complexa dinâmica da subjetividade que inclui contradições, medos, ansiedades, resistências, cisões. Aqui, torna-se útil a compreensão pós-estruturalista da subjetividade como contraditória, fragmentada, cindida e descentrada. O racismo é parte de uma economia do afeto e do desejo feita, em grande parte, de sentimentos que podem ser considerados "irracionais". Como consequência, um currículo anti-racista não pode ficar limitado ao fornecimento de informações *racionais* sobre a "verdade" do racismo. Sem ser terapêutico, um currículo anti-racista não pode deixar de ignorar a psicologia profunda do racismo.

Na análise cultural contemporânea, a questão do racismo não pode ser analisada sem o conceito de representação. Nas análises tradicionais do racismo, o que se contrapõe ao racismo é uma "imagem verdadeira" da identidade inferiorizada pelo racismo. O racismo é, fundamentalmente, nessa perspectiva, uma descrição falsa da verdadeira identidade que ele descreve de forma distorcida. Na crítica cultural recente, não se trata de uma questão de verdade e falsidade, mas de uma questão de representação que, por sua vez, não pode ser desligada de questões de poder. A representação é sempre inscrição, é sempre uma construção linguística e discursiva dependente de relações de poder. O oposto da representação racista de uma determinada identidade racial não é simplesmente uma identidade "verdadeira", mas uma outra representação, feita a partir de outra posição enunciativa na hierarquia das relações de poder. Um currículo crítico que se preocupasse com a questão do racismo poderia precisamente colocar no centro de suas estratégias pedagógicas a noção de representação tal como definida pelos Estudos Culturais. Essa noção permitiria deslocar a ênfase de uma preocupação realista com a verdade para uma preocupação política com as formas pelas quais a identidade é construída através da representação.

O que um currículo crítico deveria evitar, de todas as formas, seria uma abordagem essencialista da questão da identidade étnica e racial. Não é suficiente evitar simplesmente as formas mais evidentes de essencialismo, como aquelas fundamentadas na biologia, por exemplo. É preciso questionar também formas mais sutis de essencialismo, como aquela que se manifesta através do essencialismo cultural. Embora não reduza a identidade étnica e racial a seus aspectos biológicos, o essencialismo cultural concebe a identidade simplesmente como a *expressão* de alguma propriedade cultural intrínseca dos diferentes grupos étnicos e raciais. Nessa concepção a identidade, embora cultural, é vista como fixa e absoluta. No centro de uma perspectiva crítica de currículo deveria estar uma concepção de identidade que a concebesse como histórica, contingente e relacional. Para uma perspectiva crítica, não existe identidade fora da história e da representação.

Leituras

KING, Joyce E. "A passagem média revisitada: a educação para a liberdade humana e a crítica epistemológica feita pelos estudos negros". In SILVA, Luiz H. et alii (orgs.). *Novos mapas culturais, novas perspectivas educacionais*. Porto Alegre: Sulina, 1996: p.75-101.

LIMA, Ivan C. e ROMÃO, J. (orgs.). *Negros e currículo*. Florianópolis: Núcleo de Estudos Negros, 1997.

LIMA, Ivan C., ROMÃO, Jeruse e SILVEIRA, Sônia M. *Os negros, os conteúdos escolares e a diversidade cultural*. Florianópolis: Núcleo de Estudos Negros, 1998.

MEYER, Dagmar E. "Alguns são mais iguais que os outros: etnia, raça e nação em ação no currículo escolar". In SILVA, Luiz H. da (org.). *A escola cidadã no contexto da globalização*. Petrópolis: Vozes, 1998: p.369-380.

SILVA, Luiz H. da (org.). *A escola cidadã no contexto da globalização*. Petrópolis: Vozes, 1998: p.381-396.

SILVA, Petronilha G. e. "Espaços para educação das relações interétnicas: contribuições da produção científica e da prática docente, entre gaúchos, sobre negro e educação". In WEST, Cornel. *Questão de raça*. São Paulo: Cia. das Letras, 1994.

Uma coisa "estranha" no currículo: a teoria *queer*

A teoria *queer* representa, de certa forma, uma radicalização do questionamento da estabilidade e da fixidez da identidade feito pela teoria feminista recente. A teoria *queer* surge, em países como Estados Unidos e Inglaterra, como uma espécie de unificação dos estudos gays e lésbicos. Antes de mais nada, o termo expressa, em inglês, uma ambiguidade que é convenientemente explorada pelo movimento *queer*. Historicamente, o termo *queer* tem sido utilizado para se referir, de forma depreciativa, às pessoas homossexuais, sobretudo do sexo masculino. Mas o termo significa também, de forma não necessariamente relacionada às suas conotações sexuais, "estranho", "esquisito", "incomum", "fora do normal", "excêntrico". O movimento homossexual, numa reação à histórica conotação negativa do termo, recupera-o, então, como uma forma positiva de autoidentificação. Além disso, aproveitando-se do outro significado, o de "estranho", o termo *queer* funciona como uma declaração política de que o objetivo da teoria *queer* é o de complicar a questão da identidade sexual e, indiretamente, também a questão da identidade cultural e social.

Através da "estranheza", quer-se perturbar a tranquilidade da "normalidade".

A teoria feminista tinha, através do conceito de gênero, problematizado as concepções que viam as identidades masculina e feminina como biologicamente definidas ou, na melhor das hipóteses, como formadas por um núcleo essencial, fixo, estável, de qualquer forma dependente de características biológicas. A teoria feminista argumentava não apenas que nossa identidade como homem ou como mulher não podia ser reduzida à biologia, que tinha uma importante dimensão cultural e social, mas que as próprias concepções do que era considerado puramente biológico, físico ou corporal estavam sujeitas a um processo histórico de construção social. Nem sequer a biologia podia ser subtraída ao jogo da significação. O conceito de gênero foi criado precisamente para enfatizar o fato de que as identidades masculina e feminina são histórica e socialmente produzidas. É suficiente observar como sua definição varia ao longo da história e entre as diferentes sociedades para compreender que elas não têm nada de fixo, de essencial ou de natural.

Seguindo na trilha da teorização feminista sobre gênero, a teoria *queer* estende a hipótese da construção social para o domínio da sexualidade. Não são apenas as formas pelas quais aparecemos, pensamos, agimos como homem ou como mulher – nossa identidade de gênero – que são socialmente construídas, mas também as formas pelas quais vivemos nossa sexualidade. Tal como ocorre com a identidade de gênero, a identidade sexual não é definida simplesmente pela biologia. Ela tampouco tem qualquer coisa de fixo, estável, definitivo. A identidade sexual é também dependente da significação que lhe é dada: ela é, tal como a identidade de gênero, uma construção social e cultural.

A teoria *queer* começa por problematizar a identidade sexual considerada normal, ou seja, a heterossexualidade. Em geral, é a identidade homossexual que é vista como um problema. A heterossexualidade é a norma invisível relativamente à qual as outras formas de sexualidade, sobretudo a homossexualidade, são vistas como um desvio, como uma anormalidade. A teoria *queer*, seguindo os *insights* pós-estruturalistas sobre o processo de significação e sobre a identidade, argumenta que a identidade não é uma positividade, não é um absoluto cuja definição encerra-se em si mesma. A identidade é sempre uma relação: o que eu sou só se define pelo que não sou; a definição de minha identidade é sempre dependente da identidade do Outro. Além disso, a identidade não é uma coisa da natureza; ela é definida num processo de significação: é preciso que, socialmente, lhe seja atribuído um significado. Como um ato social, essa atribuição de significado está, fundamentalmente, sujeita ao poder. Alguns grupos sociais estão em posição de impor seus significados sobre outros. Não existe identidade sem significação. Não existe significação sem poder. Aplicando esse raciocínio à questão da identidade sexual, a definição da heterossexualidade é inteiramente dependente da definição de seu Outro, a homossexualidade. Além disso, nesse processo, a homossexualidade torna-se definida como um desvio da sexualidade dominante, hegemônica, "normal", isto é, a heterossexualidade.

A teoria *queer*, entretanto, quer ir além da hipótese da construção social da identidade. Ela quer radicalizar a possibilidade do livre trânsito entre as fronteiras da identidade, a possibilidade de cruzamento das fronteiras. Na hipótese da construção social, a identidade acaba, afinal, sendo fixada, estabilizada, pela significação, pela linguagem, pelo discurso. Com a introdução do conceito de "performatividade", a teórica *queer* Judith Butler quer enfatizar o fato de que a definição da identidade sexual não fica contida pelos processos discursivos que buscam fixá-la. Nessa concepção, mesmo que provisoriamente, mesmo que precariamente, nós *somos* aquilo que nossa suposta identidade define que somos. Se a identidade é definida, entretanto, também como uma performance, como aquilo que fazemos, sua definição torna-se muito menos dependente de um núcleo, mesmo que esse núcleo seja definido através de um processo discursivo de significação. O que eu faço num determinado momento pode ser inteiramente diferente, até mesmo o oposto, daquilo que faço no momento seguinte. É aqui que o travestismo, a mascarada, a drag-queen tornam-se metáforas para a possibilidade de subverter o conforto, a ilusão e a prisão da identidade fixa. A identidade, incluindo a identidade sexual, torna-se uma viagem entre fronteiras.

A teoria *queer* não se resume, entretanto, à afirmação da identidade homossexual, por mais importante que esse objetivo possa ser. Tal como o feminismo, a teoria *queer* efetua uma verdadeira reviravolta epistemológica.

A teoria *queer* quer nos fazer pensar *queer* (homossexual, mas também "diferente") e não *straight* (heterossexual, mas também "quadrado"): ela nos obriga a considerar o impensável, o que é proibido pensar, em vez de simplesmente considerar o pensável, o que é permitido pensar. É aqui que entra a conotação ambígua do termo *queer* em inglês. O homossexual é o *queer*, o estranho da sexualidade, mas essa estranheza é virada contra a cultura dominante, hegemônica, para penetrar em territórios proibidos de conhecimento e de identidade. O *queer* se torna, assim, uma atitude epistemológica que não se restringe à identidade e ao conhecimento sexuais, mas que se estende para o conhecimento e a identidade de modo geral. Pensar *queer* significa questionar, problematizar, contestar, todas as formas bem-comportadas de conhecimento e de identidade. A epistemologia *queer* é, nesse sentido, perversa, subversiva, impertinente, irreverente, profana, desrespeitosa.

É a partir da teoria *queer* que autoras como Deborah Britzman, por exemplo, propõem uma pedagogia *queer*. Tal como a teoria *queer*, a pedagogia *queer* não se limitaria a introduzir questões de sexualidade no currículo ou a reivindicar que o currículo inclua materiais que combatam as atitudes homofóbicas. É claro que uma pedagogia *queer* estimulará que a questão da sexualidade seja seriamente tratada no currículo como uma questão legítima de conhecimento e de identidade. A sexualidade, embora fortemente presente na escola, raramente faz parte do currículo. Quando a sexualidade é incluída no currículo, ela é tratada simplesmente como uma questão de informação certa ou errada, em geral ligada a aspectos biológicos e reprodutivos. Especificamente em relação à homossexualidade, a pedagogia *queer* não quer simplesmente estimular uma atitude de respeito ou tolerância à identidade homossexual. Ela tampouco quer estimular uma abordagem terapêutica, na qual a ênfase estaria no tratamento individual do preconceito e da discriminação. A abordagem baseada nas noções de tolerância e do respeito deixa intocadas as categorias pelas quais a homossexualidade tem sido definida, histórica e socialmente, como uma forma anormal de sexualidade: ela apenas produz uma outra espécie de binarismo ao admitir, como diz Deborah Britzman, as categorias do heterossexual tolerante e do homossexual tolerado. Da mesma forma, a abordagem terapêutica transfere para o nível individual e psicológico uma questão que pertence ao nível institucional, social, cultural, histórico. A pedagogia *queer* não objetiva simplesmente incluir no currículo informações *corretas* sobre a sexualidade; ela quer questionar os processos institucionais e discursivos, as estruturas de significação que definem, antes de mais nada, o que é correto e o que é incorreto, o que é moral e o que é imoral, o que é normal e o que é anormal. A ênfase da pedagogia *queer* não está na informação, mas numa metodologia de análise e compreensão do conhecimento e da identidade sexuais.

Tal como a teoria *queer*, de forma mais geral, a pedagogia *queer* também pretende estender sua compreensão e sua análise da identidade sexual e da sexualidade para a questão mais ampla do conhecimento. O currículo tem sido tradicionalmente concebido como um espaço onde se ensina a pensar, onde se transmite o pensamento, onde se aprende o raciocínio e a racionalidade. Essa ênfase no pensamento é fortemente estimulada por uma pedagogia inspirada nas diversas formas de psicologia e, mais recentemente, na psicologia construtivista. Num currículo inspirado na teoria e na pedagogia *queer*, essa ênfase sofre um importante deslocamento. Para citar novamente Deborah Britzman, a questão não é mais simplesmente: "como pensar?", mas: "o que torna algo pensável?". Examinar o que torna algo pensável estimula, por sua vez, pensar o impensável. Um currículo inspirado na teoria *queer* é um currículo que força os limites das epistemes dominantes: um currículo que não se limita a questionar o conhecimento como socialmente construído, mas que se aventura a explorar aquilo que ainda não foi construído. A teoria *queer* – esta coisa "estranha" – é a diferença que pode fazer diferença no currículo.

Leituras

BRITZMAN, Deborah. "O que é esta coisa chamada amor?". *Educação e realidade*, 21(1), 1996: p.71-96.

LOURO, Guacira L. (org.). *O corpo educado. Pedagogias da sexualidade*. Belo Horizonte: Autêntica, 1999.

O fim das metanarrativas: o pós-modernismo

O chamado pós-modernismo é um movimento intelectual que proclama que estamos vivendo uma nova época histórica, a Pós-Modernidade, radicalmente diferente da anterior, a Modernidade. O pós-modernismo não representa, entretanto, uma teoria coerente e unificada, mas um conjunto variado de perspectivas, abrangendo uma diversidade de campos intelectuais, políticos, estéticos, epistemológicos. Em termos sociais e políticos, o pós-modernismo toma como referência uma oposição ou transição entre, de um lado, a Modernidade, iniciada com a Renascença e consolidada com o Iluminismo e, de outro, a Pós-Modernidade, iniciada em algum ponto da metade do século XX. Em termos estéticos, a referência relativamente à qual o pós-modernismo se define é o movimento modernista, iniciado em meados do século XIX, de reação às regras e aos cânones do classicismo na literatura e nas artes.

Na sua vertente social, política, filosófica, epistemológica, o pós-modernismo questiona os princípios e pressupostos do pensamento social e político estabelecidos e desenvolvidos a partir do Iluminismo. As ideias de razão, ciência, racionalidade e progresso constante que estão no centro desse pensamento estão indissoluvelmente ligadas ao tipo de sociedade que se desenvolveu nos séculos seguintes. De uma certa perspectiva pós-modernista, são precisamente essas ideias que estão na raiz dos problemas que assolam nossa época. Em termos estéticos, o pós-modernismo ataca as noções de pureza, abstração e funcionalidade que caracterizaram o modernismo na literatura e nas artes.

Por efetuar uma reviravolta nas noções epistemológicas da Modernidade e das ideias que a acompanham, o pós-modernismo tem importantes implicações curriculares. Nossas noções de educação, pedagogia e currículo estão solidamente fincadas na Modernidade e nas ideias modernas. A educação tal como a conhecemos hoje é a instituição moderna por excelência. Seu objetivo consiste em transmitir o conhecimento científico, em formar um ser humano supostamente racional e autônomo e em moldar o cidadão e a cidadã da moderna democracia representativa. É através desse sujeito racional, autônomo e democrático que se pode chegar ao ideal moderno de uma sociedade racional, progressista e democrática. Nesse sentido, o questionamento pós-modernista constitui um ataque à própria ideia de educação.

Mas quais são os pontos centrais do questionamento que o pós-modernismo faz às noções modernas? O pós-modernismo tem uma desconfiança profunda, antes de mais nada, relativamente às pretensões totalizantes de saber do pensamento moderno. Na sua ânsia de ordem e controle, a perspectiva social moderna busca elaborar teorias e explicações que sejam as mais abrangentes possíveis, que reúnam num único sistema a compreensão total da estrutura e do funcionamento do universo e do mundo social. No jargão pós-moderno, o pensamento moderno é particularmente adepto das "grandes narrativas", das "narrativas mestras". As "grandes narrativas" são a expressão da vontade de domínio e controle dos modernos.

De forma relacionada, o pós-modernismo questiona as noções de razão e de racionalidade que são fundamentais para a perspectiva iluminista da Modernidade. Para a crítica pós-moderna, essas noções, ao invés de levar ao estabelecimento da sociedade perfeita do sonho iluminista, levaram ao pesadelo de uma sociedade totalitária e burocraticamente organizada. Na história da Modernidade, em nome da razão e da racionalidade, frequentemente se instituíram sistemas brutais e cruéis de opressão e exploração. Tanto as estruturas estatais quanto as estruturas organizacionais das empresas capitalistas, supostamente construídas e geridas de acordo com os critérios da razão e da racionalidade, produzem apenas sofrimento e infelicidade. Visto da perspectiva pós-modernista, o passivo da ideia de razão é bem maior do que seu ativo.

O pós-modernismo também coloca em dúvida a noção de progresso que está no próprio centro da concepção moderna de sociedade. O prestígio dessa noção pode ser medido pelo prestígio do adjetivo correspondente: "progressista". Para o pós-modernismo, entretanto, o progresso não é algo necessariamente desejável ou benigno. Outra vez, sob o signo do controle e do domínio sobre a natureza e o outro, o avanço constante da ciência e da tecnologia, apesar dos evidentes benefícios, tem resultado, também, em certos subprodutos claramente indesejáveis.

Filosoficamente, o pensamento moderno é estreitamente dependente de certos princípios considerados fundamentais, últimos e irredutíveis. Em geral, esses princípios se baseiam nalguma noção humanista de que o ser humano tem certas características essenciais, as quais devem servir de base para a construção da sociedade. Eles constituem absolutos — axiomas inquestionáveis. No jargão pós-modernista, por se basear nessas "fundações", o pensamento moderno é qualificado como "fundacional". Do ponto de vista do pós-modernismo, entretanto, não há nada que justifique privilegiar esses princípios em detrimento de outros. Embora sejam considerados como últimos e transcendentais, eles são tão contingentes, arbitrários e históricos quanto quaisquer outros. O pós-modernismo é radicalmente antifundacional.

O pós-modernismo reserva um de seus mais fulminantes ataques ao sujeito racional, livre, autônomo, centrado e soberano da Modernidade. Esse sujeito é o correlativo do privilégio concedido pela Modernidade ao domínio da razão e da racionalidade. No quadro epistemológico traçado pelo pensamento moderno, o sujeito está soberanamente no controle de suas ações: ele é um agente livre e autônomo. O sujeito moderno é guiado unicamente por sua razão e por sua racionalidade. O sujeito moderno é fundamentalmente centrado: ele está no centro da ação social e sua consciência é o centro de suas próprias ações. O sujeito da Modernidade é unitário: sua consciência não admite divisões ou contradições. Além disso, seguindo Descartes, ele é identitário: sua existência coincide com seu pensamento. Aproveitando-se de várias análises sociais contemporâneas, entre elas a psicanálise e o pós-estruturalismo, todas elas desconfiadas do sujeito moderno, o pós-modernismo coloca em dúvida sua autonomia, seu centramento e sua soberania. Para o pós-modernismo, seguindo Freud e Lacan, o sujeito não converge para um centro, supostamente coincidente com sua consciência. Além disso, o sujeito é fundamentalmente fragmentado e dividido. Para a perspectiva pós-modernista, nisso inspirada nos *insights* pós-estruturalistas, o sujeito não é o centro da ação social. Ele não pensa, fala e produz: ele é pensado, falado e produzido. Ele é dirigido a partir do exterior: pelas estruturas, pelas instituições, pelo discurso. Enfim, para o pós-modernismo, o sujeito moderno é uma ficção.

O pós-modernismo não se limita, entretanto, a atacar os fundamentos do pensamento moderno. Inspirado por sua vertente estética, o pós-modernismo tem um estilo que em tudo se contrapõe à linearidade e à aridez do pensamento moderno. O pós-modernismo privilegia o pastiche, a colagem, a paródia e a ironia; ele não rejeita simplesmente aquilo que critica: ele, ambígua e ironicamente, imita, incorpora, inclui. O pós-modernismo não apenas tolera, mas privilegia a mistura, o hibridismo e a mestiçagem – de culturas, de estilos, de modos de vida. O pós-modernismo prefere o local e o contingente ao universal e ao abstrato. O pós-modernismo inclina-se para a incerteza e a dúvida, desconfiando profundamente da certeza e das afirmações categóricas. No lugar das grandes narrativas e do "objetivismo" do pensamento moderno, o pós-modernismo prefere o "subjetivismo" das interpretações parciais e localizadas. O pós-modernismo rejeita distinções categóricas e absolutas como a que o modernismo faz entre "alta" e "baixa" cultura. No pós-modernismo, dissolvem-se também as rígidas distinções entre diferentes gêneros: entre filosofia e literatura, entre ficção e documentário, entre textos literários e textos argumentativos.

Mesmo que não se aceitem certos elementos da perspectiva pós-moderna, não é difícil verificar que a cena social e cultural contemporânea apresenta muitas das características que são descritas na literatura pós-moderna. Sobretudo, os "novos" meios de comunicação e informação parecem corporificar muitos dos elementos que são, nessa literatura, descritos como pós-modernos: fragmentação, hibridismo, mistura de gêneros, pastiche, colagem, ironia. Pode-se, inclusive, observar a emergência de uma identidade que se poderia chamar de pós-moderna: descentrada, múltipla, fragmentada. As instituições e os regimes políticos que tradicionalmente encarnaram os ideais modernos do progresso e da democracia parecem crescentemente desacreditados. A saturação da base de conhecimentos e de informações disponíveis parece ter contribuído para solapar os sólidos critérios nos quais se baseava a autoridade e a legitimidade da epistemologia oficial. A ciência e a tecnologia já não encontram em si próprias a justificação de que antes gozavam. O cenário é claramente de incerteza, dúvida e indeterminação. A cena contemporânea é – em termos políticos, sociais, culturais, epistemológicos – nitidamente descentrada, ou seja, pós-moderna.

Nesse contexto, parece haver uma incompatibilidade entre o currículo existente e o pós-moderno. O currículo existente é a própria encarnação das características modernas. Ele é linear, sequencial, estático. Sua epistemologia é realista e objetivista. Ele é disciplinar e segmentado. O currículo existente está baseado numa separação rígida entre "alta" cultura e "baixa" cultura, entre conhecimento científico e conhecimento cotidiano. Ele segue fielmente o script das grandes narrativas da ciência, do trabalho capitalista e do estado-nação. No centro do currículo existente está o sujeito racional, centrado e autônomo da Modernidade.

Da perspectiva pós-moderna, o problema não é apenas o currículo existente; é a própria teoria crítica do currículo que é colocada sob suspeita. A teorização crítica da educação e do currículo segue, em linhas gerais, os princípios da grande narrativa da Modernidade. A teorização crítica é ainda dependente do universalismo, do essencialismo e do fundacionalismo do pensamento moderno. A teorização crítica do currículo não existiria sem o pressuposto de um sujeito que, através de um currículo crítico, se tornaria, finalmente, emancipado e libertado. O pós--modernismo desconfia profundamente dos impulsos emancipadores e libertadores da pedagogia crítica. Em última análise, na origem desses impulsos está a mesma vontade de domínio e controle da epistemologia moderna. A pedagogia tradicional e a pedagogia crítica acabam convergindo em uma genealogia moderna comum.

O pós-modernismo empurra a perspectiva crítica do currículo para os seus limites. Ela é desalojada de sua confortável posição de vanguarda e colocada numa incômoda defensiva. O pós-modernismo, de certa forma, constitui uma radicalização dos questionamentos lançados às formas dominantes de conhecimento pela pedagogia crítica. Em sua crítica do currículo existente, a pedagogia crítica não deixava de supor um cenário em que ainda reinava uma certa certeza. Com sua ênfase na emancipação e na libertação, a pedagogia crítica continuava apegada a um certo fundacionalismo. O pós-modernismo acaba com qualquer vanguardismo, qualquer certeza e qualquer pretensão de emancipação. O pós-modernismo assinala o fim da pedagogia crítica e o começo da pedagogia pós-crítica.

Leituras

MOREIRA, Antonio Flavio B. Currículo, utopia e pós-modernidade. In Antonio F. B. Moreira (org.) *Currículo: questões atuais*. Campinas: Papirus, 1997: p.9-28.

SILVA, Tomaz T. da. (org.). *Teoria educacional crítica em tempos pós-modernos*. Porto Alegre: Artes Médicas, 1993.

SILVA, Tomaz T. da. *Identidades terminais*. Petrópolis: Vozes, 1996.

A crítica pós-estruturalista do currículo

Embora, em geral, tenha como referência autoras e autores franceses, o pós-estruturalismo, como categoria descritiva, foi, provavelmente, inventado na universidade estadunidense. Trata-se de uma categoria bastante ambígua e indefinida, servindo para classificar um número sempre variável de autores e autoras, bem como uma série também variável de teorias e perspectivas. A lista invariavelmente inclui, é verdade, Foucault e Derrida. A partir daí, entretanto, há pouca unanimidade, cada analista fazendo a sua própria lista que pode incluir Deleuze, Guattari, Kristeva, Lacan, entre outros. É igualmente variável a genealogia que lhe é atribuída: algumas análises tomam como referência o próprio estruturalismo, principalmente Saussure; outras preferem remeter sua gênese a Nietzsche e Heiddeger. Neste último caso, o pós-estruturalismo, além de uma reação ao estruturalismo, constitui-se numa rejeição da dialética – tanto a hegeliana quanto a marxista.

O pós-estruturalismo é frequentemente confundido com o pós-modernismo. Há análises que simplesmente não fazem qualquer distinção entre os dois. Embora partilhem certos elementos, como, por exemplo, a crítica do sujeito centrado e autônomo do modernismo e do humanismo, o pós-estruturalismo e o pós-modernismo pertencem a campos epistemológicos diferentes. Diferentemente do pós-estruturalismo, o pós-modernismo define-se relativamente a uma mudança de época. Além disso, enquanto o pós-estruturalismo limita-se a teorizar sobre a linguagem e o processo de significação, o pós-modernismo abrange um campo bem mais extenso de objetos e preocupações. Talvez a forma mais útil de caracterizar essas distinções seja pensar nos termos aos quais se referem os dois "pós", isto é, modernismo e estruturalismo. Na medida em que o termo "modernismo", que constitui a referência de "pós-modernismo", remete às características de toda uma época, ele é muito mais abrangente que "estruturalismo", que se refere de forma muito particular a um gênero de teorização social. O interessante é que embora muitas pessoas confundam pós-modernismo e pós-estruturalismo, poucas pessoas confundiriam modernismo e estruturalismo.

O pós-estruturalismo define-se como uma continuidade e, ao mesmo tempo, como uma transformação relativamente ao estruturalismo. Como se sabe, o estruturalismo foi o movimento teórico que, com base no estruturalismo linguístico de Ferdinand de Saussure, dominou a cena intelectual nos anos 50 e 60. Esse movimento atravessou campos tão diversos quanto a Linguística, a Teoria Literária, a Antropologia, a Filosofia e a Psicanálise. Entre suas figuras mais destacadas encontravam-se Roman Jakobson, Claude Lévi-Strauss e Louis Althusser, bem como, em suas respectivas primeiras fases, Roland Barthes e o próprio Michel Foucault. Uma caricatura publicada na revista *La quinzaine littéraire*, em 1967, intitulada "A refeição dos estruturalistas", reflete bem a visibilidade dessas figuras. Nela, Foucault, Lacan, Lévi-Strauss e Barthes são retratados acocorados, vestidos de tangas, em volta de uma fogueira, no meio da selva, numa animada conversa tribal.

Na sua concepção mais geral, o estruturalismo se define, obviamente, por privilegiar a noção de estrutura. Na análise teórica estruturalista, a estrutura é uma característica não dos elementos individuais de um fenômeno ou "objeto", mas das relações entre aqueles elementos. A estrutura, tal como na arte da construção, é precisamente aquilo que mantém, de forma subjacente, os elementos individuais no lugar, é aquilo que faz com que o conjunto se sustente. O estruturalismo parte das investigações linguísticas de Saussure que enfatizavam as regras de formação estrutural da linguagem. É fundamental em sua concepção de linguagem a oposição entre língua (*langue*) e fala (*parole*). A língua é o sistema abstrato de um número bastante limitado de regras sintáticas e gramaticais que determina quais combinações e permutações são válidas em qualquer língua particular. A língua é a estrutura. A fala é a utilização concreta, pelos falantes de uma língua particular, desse conjunto limitado de regras. Saussure estava particularmente interessado não no estudo da fala mas no estudo da língua.

Essa distinção entre língua e fala se tornaria fundamental nas análises que, em campos como a Antropologia e a Teoria Literária, iriam, mais tarde, se inspirar no estruturalismo linguístico de Saussure. Assim, por exemplo, essa distinção encontra um paralelo na análise que Lévi-Strauss faz dos mitos. Para Lévi-Strauss, a característica impressionante dos mitos é que eles aparecem sob uma imensa variedade, mas obedecem todos a um esquema básico. Superficialmente eles são variados, mas se examinados na sua profundeza, na sua estrutura, eles se reduzem a uma mesma fórmula.

Encontramos uma operação semelhante nas análises que Roman Jakobson faz da narrativa literária ou nas análises mais recentes da narrativa fílmica. Num livro intitulado *Sixguns and society*, Will Wright, por exemplo, analisa o gênero *western* do cinema de Hollywood. Wright identifica no *western* clássico dezesseis funções narrativas que vão se desenvolvendo ao longo da história. Como ilustração, eis algumas dessas funções: o herói entra num grupo social; o herói é desconhecido na sociedade; a sociedade não aceita completamente o herói; os vilões ameaçam a sociedade; o herói luta contra os vilões; o herói derrota os vilões; a sociedade aceita o herói. Quando vemos filmes particulares desse gênero, observamos que mudam os personagens, mudam os cenários, mudam as situações. Se analisamos esses filmes de acordo com a perspectiva estruturalista, entretanto,

podemos ver que, no fundo, permanece uma mesma estrutura. Superficialmente há variedade. Estruturalmente eles são a mesma coisa.

O pós-estruturalismo continua e, ao mesmo tempo, transcende o estruturalismo. O pós-estruturalismo partilha com o estruturalismo a mesma ênfase na linguagem como um sistema de significação. Na verdade, o pós-estruturalismo até amplia a centralidade que a linguagem tem no estruturalismo, como se pode observar, por exemplo, na preocupação de Foucault com a noção de "discurso" e na de Derrida com a noção de "texto". O pós-estruturalismo efetua, entretanto, um certo afrouxamento na rigidez estabelecida pelo estruturalismo. O processo de significação continua central, mas a fixidez do significado que é, de certa forma, suposta no estruturalismo, se transforma, no pós-estruturalismo, em fluidez, indeterminação e incerteza. Por outro lado, o conceito de diferença, central ao estruturalismo, torna-se radicalizado. No estruturalismo iniciado por Saussure, um significante — aquilo que gráfica ou foneticamente representa um significado — determinado não tem um valor absoluto: ele é o que é apenas na medida em que é diferente de outros significantes.

O pós-estruturalismo estende consideravelmente o alcance do conceito de diferença a ponto de parecer que não existe nada que não seja diferença.

O pós-estruturalismo também continua e, ao mesmo tempo, radicaliza a crítica do sujeito do humanismo e da filosofia da consciência feita pelo estruturalismo. Para o pós-estruturalismo, tal como para o estruturalismo, esse sujeito não passa de uma invenção cultural, social e histórica, não possuindo nenhuma propriedade essencial ou originária. O pós-estruturalismo, entretanto, radicaliza o caráter inventado do sujeito. No estruturalismo marxista de Althusser, o sujeito era um produto da ideologia, mas se podia, de alguma forma, vislumbrar a emergência de um outro sujeito, uma vez removidos os obstáculos, sobretudo a estrutura capitalista, que estavam na origem desse sujeito espúrio. Em troca, para o pós-estruturalismo – podemos tomar Foucault como exemplo – não existe sujeito a não ser como o simples e puro resultado de um processo de produção cultural e social.

Aquilo que se entende hoje por "pós-estruturalismo" deve sua definição, sem dúvida, principalmente aos trabalhos de Foucault e Derrida. A contribuição fundamental de Foucault pode ser sintetizada, talvez, na transformação que ele efetuou na noção de poder. Em oposição ao marxismo, extremamente influente na época em que ele estava escrevendo, Foucault concebe o poder não como algo que se possui, nem como algo fixo, nem tampouco como partindo de um centro, mas como uma relação, como móvel e fluido, como capilar e estando em toda parte. Ainda em oposição ao marxismo, para Foucault, o saber não é o outro do poder, não é externo ao poder. Em vez disso, poder e saber são mutuamente dependentes. Não existe saber que não seja a expressão de uma vontade de poder. Ao mesmo tempo, não existe poder que não se utilize do saber, sobretudo de um saber que se expressa como conhecimento das populações e dos indivíduos submetidos ao poder. É ainda o poder que, para Foucault, está na origem do processo pelo qual nos tornamos sujeitos de um determinado tipo. O louco, o prisioneiro, o homossexual não são expressões de um estado prévio, original; eles recebem sua identidade a partir dos aparatos discursivos e institucionais que os definem como tais. O sujeito é o resultado dos dispositivos que o constroem como tal.

Embora Foucault tenha rejeitado, de forma explícita, o rótulo de "pós-estruturalista", as consignas que ele esboçava no prefácio à edição americana do livro de Deleuze e Guattari, *Anti-Édipo*, constituíam uma espécie de "manifesto mínimo do pós-estruturalismo", ao qual não faltava nem mesmo o tom de convocação da segunda pessoa do plural do *Manifesto Comunista*: "liberai a ação política de toda forma de paranoia unitária e totalizante; desenvolvei a ação, o pensamento e os desejos por proliferação, justaposição e disjunção, antes que por subdivisão e hierarquização piramidal; livrai-vos das velhas categorias do Negativo. Preferi o que é positivo e múltiplo: a diferença à uniformidade, os fluxos às unidades, os agenciamentos móveis aos sistemas. O que é produtivo não é sedentário mas nômade; não exijais da política que ela restabeleça os "direitos" do indivíduo tais como a filosofia os definiu. O indivíduo é o produto do poder".

Já a contribuição de Derrida pode ser sintetizada através do conceito de *différance*. Derrida cunhou esse termo precisamente para estender e radicalizar o alcance do conceito de diferença que, como vimos, é tão central no estruturalismo. Não existe, em francês, nenhuma diferença de pronúncia entre as palavras *différance* e *différence*. Além disso, a palavra *différance* remete à ideia de "diferir", de "adiar". Ao combinar numa só palavra os significados de "diferença" e "adiamento", Derrida aceita a proposição de Saussure de que a existência de um determinado significante depende da diferença que ele estabelece relativamente a outros significantes. Mas ele vai além: o significado não é nunca, definitiva e univocamente, apreendido pelo significante. O significado não está nunca definitivamente presente no significante. A presença do significado no significante é incessantemente adiada, diferida. O exemplo mais definitivo desse processo é dado pelo dicionário. Nós temos a ilusão de que a definição de uma determinada palavra (significante) é constituída por um significado, "o significado da palavra", mas, na verdade, ela é sempre definida por uma outra palavra (um outro significante). Aquele significante que constitui a definição da palavra e que supomos ser seu "significado" será definido, por sua vez, por outro significante, e assim por diante, num processo sem fim. Ou seja, o significado está sempre mais além, mais adiante, mas esse além, evidentemente, nunca chega. Em outras palavras, nunca saímos do domínio do significante.

Mas com a indistinção, na linguagem oral, entre *différance* e *différence*, Derrida quer chamar a atenção para uma outra coisa muito importante. Na tradição filosófica ocidental, faz-se uma oposição fundamental entre a linguagem oral e a linguagem escrita. Nessa tradição, a escrita é, de certa forma, desvalorizada relativamente à linguagem oral, por se constituir numa espécie de forma secundária, derivada, relativamente a essa última. A linguagem oral é aquela que está próxima, colada à nossa interioridade. Ela é a expressão imediata de nosso eu, de nossa subjetividade. A escrita seria apenas uma forma degradada de registro desse momento privilegiado em que existe, na oralidade, uma identidade entre nossa consciência e a linguagem. Nossa consciência é, na linguagem oral, uma presença. Derrida questiona esse pressuposto da identidade entre a consciência e a linguagem oral. Para ele, a linguagem oral não é a consciência em estado puro: a linguagem oral é já e sempre, exatamente tal como a escrita, significante. Não existe nenhuma diferença ontológica essencial entre o sinal com que registramos no papel a palavra "maçã" e a forma com a qual a pronunciamos. Constituem, ambos, formas de registro, de inscrição: são ambos significantes. Uma vez que é a escrita que é vista como forma de registro, Derrida resolve utilizar o termo "escrita" para abranger também a linguagem oral, precisamente para chamar a atenção para seu caráter de inscrição. Com essa análise, Derrida efetua, por vias diferentes das de Foucault, um ataque importante à noção de sujeito do humanismo e da filosofia da consciência. Nessas tradições, a voz é a expressão suprema da autonomia e da presença do sujeito. Na medida em que a voz é vista como sendo já inscrição e linguagem, ela é externa ao sujeito. O sujeito, tal como concebido no humanismo e na filosofia da consciência, deixa, pois, de existir.

Não se pode falar propriamente de uma teoria pós-estruturalista do currículo, mesmo porque o pós-estruturalismo, tal como o pós-modernismo, rejeita qualquer tipo de sistematização. Mas há certamente uma "atitude" pós-estruturalista em muitas das perspectivas atuais sobre currículo. Nos Estados Unidos, Cleo Cherryholmes foi um dos primeiros a desenvolver de forma explícita uma perspectiva pós-estruturalista na área dos estudos sobre currículo. Thomas Popkewitz vem se dedicando há alguns anos ao desenvolvimento de uma análise do currículo fundamentada na teorização de Michel Foucault. Em geral, entretanto, o que se observa é que muitos autores e autoras contemporâneos da área de estudos do currículo simplesmente passaram a adotar livremente alguns dos elementos da análise pós-estruturalista.

Como se poderia caracterizar essa perspectiva pós-estruturalista mais geral na área de estudos do currículo? Em primeiro lugar, dada a concepção pós-estruturalista que vê o processo de significação como basicamente indeterminado e instável, a atitude pós-estruturalista enfatiza a indeterminação e a incerteza também em questões de conhecimento. O significado não é, da perspectiva pós-estruturalista, pré-existente; ele é cultural e socialmente produzido. Como tal, mais do que sua fidelidade a um suposto referente, o importante é examinar as relações de poder envolvidas na sua produção. Um determinado significado é o que é não porque ele corresponde a um "objeto" que exista fora do campo da significação, mas porque ele foi socialmente assim definido. Uma análise derridiana do processo de significação combina-se, aqui, com uma análise foucaultiana das conexões entre poder e saber para caracterizar o processo de significação como não apenas instável mas também como dependente de relações de poder. Como campos de significação, o conhecimento e o currículo são, pois, caracterizados também por sua indeterminação e por sua conexão com relações de poder.

Em segundo lugar, essa ênfase nos processos de significação é ampliada para se focalizar especificamente nas noções correntes de "verdade". Seguindo, nesse caso, especificamente, Foucault, uma perspectiva pós-estruturalista sobre currículo desconfia das definições filosóficas de "verdade". São essas noções que estão na base das concepções de conhecimento que moldam o currículo contemporâneo. Nessa visão, a verdade é simplesmente uma questão de verificação empírica; é uma questão de correspondência com uma suposta "realidade". A perspectiva pós-estruturalista não apenas questiona essa noção de verdade; ela, de forma mais radical, abandona a ênfase na "verdade" para destacar, em vez disso, o processo pelo qual algo é *considerado* como verdade. A questão não é, pois, a de saber se algo é verdadeiro, mas, sim, de saber por que esse algo se *tornou* verdadeiro. Nos termos de Foucault, não se trata de uma questão de verdade, mas de uma questão de veridicção. Não se pode, provavelmente, nem faria sentido, da perspectiva pós-estruturalista, propor uma verdadeira revolução no currículo com base nessa concepção pós-estruturalista de "verdade". Mas podemos imaginar quais seriam as implicações da adoção dessa atitude pós-estruturalista sobre a verdade e o verdadeiro no cotidiano do currículo.

Poderíamos continuar esse exercício. Basta, entretanto, mencionar, de passagem, mais algumas das implicações da adoção de uma perspectiva pós-estruturalista sobre currículo. Inspirada em Derrida, por exemplo, uma perspectiva pós-estruturalista sobre currículo questionaria os "significados transcendentais", ligados à religião, à pátria, à política, à ciência, que povoam o currículo. Uma perspectiva pós-estruturalista buscaria perguntar: onde, quando, por quem foram eles inventados? Ainda seguindo Derrida, uma perspectiva pós-estruturalista tentaria desconstruir os inúmeros binarismos de que é feito o conhecimento que constitui o currículo: masculino/feminino; heterossexual/homossexual; branco/negro; científico/não científico. Ao ver todo o conhecimento como escrita, como inscrição, ainda sob a inspiração de Derrida, uma perspectiva pós-estruturalista colocaria em dúvida as atuais e rígidas separações curriculares entre os diversos gêneros de conhecimento. Finalmente, uma perspectiva pós-estruturalista não deixaria, evidentemente, de questionar a concepção de sujeito – autônomo, racional, centrado, unitário – na qual se baseia todo o empreendimento pedagógico e curricular, denunciando-a como resultado de uma construção histórica muito particular. Paralelamente, seria a própria noção de emancipação e libertação, que resulta da adoção dessa concepção de sujeito, que seria colocada em questão. No limite, para a perspectiva pós-estruturalista, é o próprio projeto de uma perspectiva crítica sobre currículo que é colocado em questão.

Leituras

SILVA, Tomaz T. (org.). *O sujeito da educação. Estudos foucaultianos*. Rio: Vozes, 1994.

VEIGA-NETO, Alfredo J. (org.). *Crítica pós-estruturalista e educação*. Porto Alegre: Sulina, 1995.

Uma teoria pós-colonialista do currículo

A teoria pós-colonialista tem como objetivo analisar o complexo das relações de poder entre as diferentes nações que compõem a herança econômica, política e cultural da conquista colonial europeia tal como se configura no presente momento – chamado, é claro, de "pós-colonial". Ela parte da ideia de que o mundo contemporâneo, no momento mesmo em que supostamente se torna globalizado, só pode ser adequadamente compreendido se considerarmos todas as consequências da chamada "aventura colonial europeia". Pode-se situar o fim do império colonial europeu, definido em termos de ocupação territorial, nos anos que vão do final da Segunda Guerra Mundial até os anos 60. A análise pós-colonial não se limita, entretanto, a analisar as relações de poder entre as metrópoles e os países mais recentemente libertados, mas recua no tempo para considerar toda a história da expansão imperial europeia desde o século XV. Ela é também bastante abrangente em sua definição do que constituem "relações coloniais" de poder, compreendendo desde relações de ocupação e dominação direta (Índia, países africanos e asiáticos), passando por projetos de "colonização" por grupos de "colonos" (Austrália), para incluir as relações atuais de dominação entre nações, baseadas na exploração econômica e no imperialismo cultural.

A teoria pós-colonial mostra-se particularmente forte na teoria e na análise literárias. Nesses campos, a análise pós-colonial busca examinar tanto as obras literárias escritas do ponto de vista dominante quanto aquelas escritas por pessoas pertencentes às nações dominadas. Na análise das primeiras, o objetivo consiste em examiná-las como narrativas que constroem o Outro colonial enquanto objeto de conhecimento e como sujeito subalterno. As narrativas imperiais são vistas como parte do projeto de submissão dos povos colonizados. Por outro lado, as obras literárias escritas por pessoas pertencentes aos grupos colonizados são analisadas como narrativas de resistência ao olhar e ao poder imperiais. As narrativas subordinadas são vistas em contraposição às formas literárias dominantes que buscam fixar o Outro colonizado como objeto da curiosidade, do saber e do poder metropolitanos. Numa concepção mais restrita, a teoria pós-colonial deveria estar focalizada precisamente nas manifestações literárias e artísticas dos próprios povos subjugados, vistas como expressão de sua experiência da opressão colonial e pós-colonial. Nesse sentido, a teoria pós-colonial é um importante elemento no questionamento e na crítica dos currículos centrados no chamado "cânon ocidental" das "grandes" obras literárias e artísticas. A teoria pós-colonial, juntamente com o feminismo e as teorizações críticas baseadas em outros movimentos sociais, como o movimento negro, reivindica a inclusão das formas culturais que refletem a experiência de grupos cujas identidades culturais e sociais são marginalizadas pela identidade europeia dominante. Há, nesse questionamento do cânone ocidental efetuado pelo pós-colonialismo, um deslocamento da estética para a política. Para a teoria pós-colonial, não se pode separar a análise estética de uma análise das relações de poder. A estética corporifica, sempre, alguma forma de poder. Não há poética que não seja, ao mesmo tempo, também uma política.

Como ocorre com o pós-modernismo, há versões contraditórias sobre as origens da teoria pós-colonial. Algumas análises remontam a teoria pós-colonial a autores como Frantz Fanon, Aimé Césaire e Albert Memmi, que escreveram no contexto das lutas de libertação colonial dos anos 50 e 60. Os livros de Fanon, nascido na então colônia francesa da Martinica, *Pele negra, máscaras brancas*, publicado em 1952, e *Os danados da terra*, publicado em 1961, são considerados como precursores particularmente importantes da atual teoria pós-colonial. Influentes autores pós-coloniais contemporâneos, como Homi Bhabha, por exemplo, recorrem, de forma renovada, às análises da situação colonial daqueles anos feita por Fanon. No Brasil, a obra inicial de Paulo Freire, que pode ser considerada como uma espécie de teorização pós-colonial no campo educacional, fundamenta-se, em parte, nos livros de Fanon e Memmi. É, entretanto, o livro *Orientalismo*, escrito por Edward Said, que é, em geral, considerado como constituindo o marco dos estudos pós-coloniais contemporâneos. Nesse livro, Said, tomando como base, sobretudo, a teorização foucaultiana, argumenta que o Oriente é uma invenção do Ocidente. A literatura orientalista não é, na perspectiva desenvolvida por Said, uma descrição "objetiva" de uma região que se poderia chamar de "Oriente", mas uma narrativa que efetivamente constrói o objeto do qual fala. Mais do que um interesse simplesmente científico ou epistemológico, o que move essa narrativa é a curiosidade e a fascinação pelo Outro, visto como estranho e exótico, e o impulso para fixá-lo e dominá-lo como objeto de saber e de poder. O Outro é, pois, menos um dado objetivo e mais uma criatura imaginária do poder.

A análise pós-colonial junta-se, assim, às análises pós-moderna e pós-estruturalista, para questionar as relações de poder e as formas de conhecimento que colocaram o sujeito imperial europeu na sua posição atual de privilégio. Diferentemente das outras análises "pós", entretanto, a ênfase da teorização pós-colonial está nas relações de poder entre nações. O pós-colonialismo concentra-se no questionamento das narrativas sobre nacionalidade e sobre "raça" que estão no centro da construção imaginária que o Ocidente fez – e faz – do Oriente e de si próprio. A teoria pós-colonial focaliza, sobretudo, as complexas relações entre, de um lado, a exploração econômica e a ocupação militar e, de outro, a dominação cultural. Em termos foucaultianos, questionam-se as complexas conexões entre saber, subjetividade e poder estabelecidas no contínuo processo da história de dominação colonial.

Tal como ocorre, de forma mais geral, nos Estudos Culturais, o conceito de "representação" ocupa um lugar central na teorização pós-colonial. O conceito de "representação" é, aqui, fundamentalmente, pós-estruturalista, isto é, a representação é compreendida como aquelas formas de inscrição através das quais o Outro é representado. Diferentemente das concepções psicologistas de representação, a análise pós-colonial adota uma concepção materialista de representação, na qual se focaliza o discurso, a linguagem, o significante, e não a imagem mental, a ideia, o significado. A representação é aquilo que se expressa num texto literário, numa pintura, numa fotografia, num filme, numa peça publicitária. A teoria pós-colonial considera a representação como um processo central na formação e produção da identidade cultural e social. É fundamentalmente através da representação que construímos a identidade do Outro e, ao mesmo tempo, a nossa própria identidade. Foi através da representação que o Ocidente, ao longo da trajetória de sua expansão colonial, construiu um "outro" como supostamente irracional, inferior e como possuído por uma sexualidade selvagem e irrefreada. Vista como uma forma de conhecimento do Outro, a representação está no centro da conexão saber-poder.

É precisamente essa conexão saber-poder que é particularmente importante para uma teorização curricular crítica ou pós-crítica. Essa conexão aparece de forma bastante óbvia ao longo de toda a história da dominação colonial europeia. O saber e o conhecimento estiveram estreitamente ligados aos objetivos de poder das potências coloniais europeias desde o seu início. Antes de tudo, eram as próprias populações nativas que se tornavam objeto central de conhecimento. O Outro colonial tornava-se, na sua estranheza e no seu exotismo, um importante ponto de referência para a definição e redefinição do próprio sujeito imperial. O projeto epistemológico colonial abrangia, também, obviamente, a descrição e análise dos recursos naturais e do ambiente das terras ocupadas. O impulso que deu origem à ciência moderna está ligado, em grande parte, ao conhecimento produzido no contexto dos interesses de exploração econômica do empreendimento colonial. O conhecimento do Outro e da terra era, pois, central aos objetivos de conquista dos poderes coloniais.

A dimensão epistemológica e cultural do processo de dominação colonial não se limitava, entretanto, à produção de conhecimento sobre o sujeito colonizado e seu ambiente. O processo de dominação, na medida em que ia além da fase de exterminação e subjugação física, precisava afirmar-se culturalmente. Aqui, o que se tornava importante era a transmissão, ao Outro subjugado, de uma determinada forma de conhecimento. A cosmovisão "primitiva" dos povos nativos precisava ser convertida à visão europeia e "civilizada" de mundo, expressa através da religião, da ciência, das artes e da linguagem e convenientemente adaptada ao estágio de "desenvolvimento" das populações submetidas ao poder colonial. O projeto colonial teve, desde o início, uma importante dimensão educacional e pedagógica. Era através dessa dimensão pedagógica e cultural que o conhecimento se ligava, mais uma vez, ao complexo das relações coloniais de poder.

A teoria pós-colonial evita formas de análise que concebam o processo de dominação cultural como uma via de mão única. A crítica pós-colonial enfatiza, ao invés disso, conceitos como hibridismo, tradução, mestiçagem, que permitem conceber as culturas dos espaços coloniais ou pós-coloniais como o resultado de uma complexa relação de poder em que tanto a cultura dominante quanto a dominada se veem profundamente modificadas. Conceitos como esses permitem focalizar tanto processos de dominação cultural quanto processos de resistência cultural, bem como sua interação. Obviamente, o resultado final é favorável ao poder, mas nunca tão cristalinamente, nunca tão completamente, nunca tão definitivamente quanto o desejado. O híbrido carrega as marcas do poder, mas também as marcas da resistência.

É na análise do legado colonial que uma teoria pós-colonial do currículo deveria se concentrar. Em que medida o currículo contemporâneo, apesar de todas as suas transformações e metamorfoses, é ainda moldado pela herança epistemológica colonial? Em que medida as definições de nacionalidade e "raça", forjadas no contexto da conquista e expansão colonial, continuam predominantes nos mecanismos de formação da identidade cultural e da subjetividade embutidos no currículo oficial? De que forma as narrativas que constituem o núcleo do currículo contemporâneo continuam celebrando a soberania do sujeito imperial europeu? Como, nessas narrativas, são construídas concepções sobre "raça", gênero e sexualidade que se combinam para marginalizar identidades que não se conformam às definições da identidade considerada "normal"? Uma análise pós-colonial do currículo deveria também buscar analisar as formas contemporâneas de imperialismo econômico e cultural. Como as formas culturais que estão no centro da sociedade de consumo contemporânea expressam novas formas de imperialismo cultural? Qual o papel dessas novas formas de imperialismo cultural na formação de uma identidade cultural hegemônica e uniforme? Como o currículo, considerado como um local de conhecimento e poder, reflete e, ao mesmo tempo, questiona, formas culturais que podem ser vistas como manifestações de um poder neocolonial ou pós-colonial?

Uma perspectiva pós-colonial de currículo deveria estar particularmente atenta às formas aparentemente benignas de representação do Outro que estão em toda parte nos currículos contemporâneos. Nessas formas superficialmente vistas como multiculturais, o Outro é "visitado" de uma perspectiva que se poderia chamar de "perspectiva do turista", a qual estimula uma abordagem superficial e voyeurística das culturas alheias. Uma perspectiva pós-colonial questionaria as experiências superficialmente multiculturais estimuladas nas chamadas "datas comemorativas": o dia do Índio, da Mulher, do Negro. Uma perspectiva pós-colonial exige um currículo multicultural que não separe questões de conhecimento, cultura e estética de questões de poder, política e interpretação. Ela reivindica, fundamentalmente, um currículo descolonizado.

Leituras

BHABHA, Homi. *O local da cultura*. Belo Horizonte: Editora da UFMG, 1999.

BOSI, Alfredo. *Dialética da colonização*. São Paulo: Companhia das Letras, 1995.

FANON, Frantz. *Os condenados da terra*. Rio: Civilização Brasileira, 1979.

FANON, Frantz. *Pele negra, máscaras brancas*. Rio: Fator, 1983.

SAID, Edward. *Orientalismo. O oriente como invenção do ocidente*. São Paulo: Companhia das Letras, 1990.

VIDIGAL, Luís. "Entre o exótico e o colonizado: imagens do outro em manuais escolares e livros para crianças no Portugal imperial (1890-1945)". In António Nóvoa et alii (orgs.). *Para uma história da educação colonial*. Porto e Lisboa: Sociedade Portuguesa de Ciência da Educação e Educa, 1996: p.379-420.

Os Estudos Culturais e o currículo

O campo de teorização e investigação conhecido como Estudos Culturais tem sua origem na fundação, em 1964, do Centro de Estudos Culturais Contemporâneos, na Universidade de Birmingham, Inglaterra. O impulso inicial do Centro partia de um questionamento da compreensão de cultura dominante na crítica literária britânica. Nessa tradição, exemplificada pela obra de F. R. Leavis, a cultura era identificada, exclusiva e estreitamente, com as chamadas "grandes obras" da literatura e das artes em geral. Nessa visão burguesa e elitista, a cultura era intrinsecamente privilégio de um grupo restrito de pessoas: havia uma incompatibilidade fundamental entre cultura e democracia.

A reação do Centro a essa concepção de cultura baseava-se, sobretudo, em duas obras que viriam a se tornar centrais no campo dos Estudos Culturais: *Culture and society*, de Raymond Williams, publicada em 1958, e *Uses of literacy*, de Richard Hoggart, publicada em 1957. Este último seria o primeiro diretor do Centro. Além desses dois livros, seria importante também a influência teórica do livro de E. P. Thompson, *The making of the English working class*, publicado em 1963.

Seria a concepção de cultura desenvolvida por Raymond Williams em *Culture and society* e em livros posteriores que daria ao Centro as bases de sua teorização e de sua metodologia. Para Williams, em contraste com a tradição literária britânica, a cultura deveria ser entendida como o modo de vida global de uma sociedade, como a experiência vivida de qualquer agrupamento humano. Nessa visão, não há nenhuma diferença qualitativa entre, de um lado, as "grandes obras" da literatura e, de outro, as variadas formas pelas quais qualquer grupo humano resolve suas necessidades de sobrevivência. Inicialmente restrita às manifestações culturais "autênticas" de grupos sociais subordinados, como a classe operária inglesa analisada no livro de Richard Hoggart, *The uses of literacy*, essa definição inclusiva de cultura iria posteriormente ser ampliada para abranger também aquilo que na literatura anglo-saxônica é conhecido como "cultura popular", isto é, as manifestações da cultura de massa: livros populares, tabloides, rádio, televisão, a mídia em geral.

Tematicamente, os esforços iniciais do Centro concentraram-se no estudo de formas culturais urbanas, sobretudo das chamadas "subculturas". Dois dos livros mais importantes saídos dessa fase inicial do Centro são *Resistance through rituals: youth subcultures in post-war Britain*, uma coleção de ensaios e pesquisas, de vários autores, sobre as culturas juvenis britânicas, e *Subculture: the meaning of style*, o relato de uma pesquisa sobre grupos culturais juvenis realizada por Dick Hebdige. Como resultado de sua preocupação com questões de ideologia, as pesquisas e as teorizações iniciais do Centro também se preocupavam com o papel da mídia, sobretudo da televisão, na formação do consenso e do conformismo político.

Em termos teóricos, o Centro gradualmente adotará quadros de referência claramente marxistas. Depois de um início relativamente pouco marxista, a teorização do Centro se apoiará em interpretações contemporâneas de Marx, como a de Althusser e, mais tarde, também a de Gramsci, visíveis na importância que os conceitos de ideologia e de hegemonia iriam adquirir nos estudos realizados sob a égide do Centro. Nos anos 80, esse predomínio do marxismo nos Estudos Culturais tais como delineados pelo Centro de Birmingham iria ceder lugar ao pós-estruturalismo de autores como Foucault e Derrida.

Metodologicamente, o Centro irá se dividir entre duas tendências que ainda se encontram sob tensão nos Estudos Culturais contemporâneos: de um lado, as pesquisas de terreno, sobretudo etnográficas e, de outro, as interpretações textuais. Essas duas tendências refletem, de certa forma, as origens disciplinares dos Estudos Culturais: a Sociologia, de um lado, e os Estudos Literários, de outro. Vários dos estudos iniciais do grupo utilizam a etnografia como metodologia preferida, mas outros preferem a interpretação de "textos", entendidos aqui de forma ampla. A etnografia é utilizada sobretudo nos estudos das chamadas "subculturas urbanas", enquanto a interpretação textual é reservada para a análise dos programas de televisão e dos textos propriamente ditos de certas obras literárias consideradas "populares".

A partir de um modesto anexo de um departamento de Língua Inglesa, contando sempre com um número reduzido de pessoas, o campo dos Estudos Culturais ampliou-se para ganhar uma força e uma influência enormes na teorização social contemporânea. Os Estudos Culturais diversificaram-se tanto em sua difusão por vários países que se pode dizer que sua variante britânica é apenas uma entre um número variado de versões nacionais. Mesmo no interior das várias versões nacionais, os Estudos Culturais se subdividem de acordo com um série variada de perspectivas teóricas e de influências disciplinares. Enquanto algumas perspectivas continuam marcadamente marxistas, outras claramente abandonaram o marxismo em favor de alguma das versões do pós-estruturalismo. Há, de forma similar, uma visível heterogeneidade na perspectiva social adotada: há uma versão centrada nas questões de gênero, outra nas questões de raça, ainda outra em questões de sexualidade, embora existam, evidentemente, intersecções entre elas.

Podem-se vislumbrar nessa heterogeneidade, entretanto, alguns traços comuns. Dada essa heterogeneidade, tem havido, inclusive, vários esforços de definição dos Estudos Culturais, buscando, essencialmente, responder – frente a um determinado estudo – à questão "isto é Estudos Culturais?". O que distingue, pois, os Estudos Culturais?

Em primeiro lugar, os Estudos Culturais concentram-se na análise da cultura, compreendida, tal como na conceptualização original de Raymond Williams, como forma global de vida ou como experiência vivida de um grupo social. Além disso, a cultura é vista como um campo relativamente autônomo da vida social, como um campo que tem uma dinâmica que é, em certa medida, independente de outras esferas que poderiam ser consideradas determinantes. Nessa perspectiva, os Estudos Culturais opõem-se às implicações deterministas da famosa metáfora marxista da divisão entre infraestrutura e superestrutura. Essa ênfase na cultura tem levado certas vertentes dos Estudos Culturais a reduzir, em direção contrária ao marxismo, toda a dinâmica social à dinâmica cultural.

De forma talvez mais importante, os Estudos Culturais concebem a cultura como campo de luta em torno da significação social. A cultura é um campo de produção de significados no qual os diferentes grupos sociais, situados em posições diferenciais de poder, lutam pela imposição de seus significados à sociedade mais ampla. A cultura é, nessa concepção, um campo contestado de significação. O que está centralmente envolvido nesse jogo é a definição da identidade cultural e social dos diferentes grupos. A cultura é um campo onde se define não apenas a forma que o mundo deve ter, mas também a forma como as pessoas e os grupos devem ser. A cultura é um jogo de poder. Os Estudos Culturais são particularmente sensíveis às relações de poder que definem o campo cultural. Numa definição sintética, poder-se-ia dizer que os Estudos Culturais estão preocupados com questões que se situam na conexão entre cultura, significação, identidade e poder.

De alguma forma, a ideia de "construção social" tem funcionado como um conceito unificador dos Estudos Culturais. Em muitas das análises feitas nos Estudos Culturais, busca-se, fundamentalmente, caracterizar o objeto sob análise como um artefato cultural, isto é, como o resultado de um processo de construção social. A análise cultural parte da concepção de que o mundo cultural e social torna-se, na interação social, naturalizado: sua origem social é esquecida. A tarefa da análise cultural consiste em desconstruir, em expor esse processo de naturalização. Uma proposição frequentemente encontrada nas análises feitas nos Estudos Culturais pode ser sintetizada na fórmula "x é uma invenção", na qual "x" pode ser uma instituição, uma prática, um objeto, um conceito... A análise consiste, então, em mostrar as origens dessa invenção e os processos pelos quais ela se tornou "naturalizada".

O que distingue os Estudos Culturais de disciplinas acadêmicas tradicionais é seu envolvimento explicitamente político. As análises feitas nos Estudos Culturais não pretendem nunca ser neutras ou imparciais. Na crítica que fazem das relações de poder numa situação cultural ou social determinada, os Estudos Culturais tomam claramente o partido dos grupos em desvantagem nessas relações. Os Estudos Culturais pretendem que suas análises funcionem como uma intervenção na vida política e social.

Quais são as implicações dos Estudos Culturais para a análise do currículo e para o currículo? Em primeiro lugar, os Estudos Culturais permitem-nos conceber o currículo como um campo de luta em torno da significação e da identidade. A partir dos Estudos Culturais, podemos ver o conhecimento e o currículo como campos culturais, como campos sujeitos à disputa e à interpretação, nos quais os diferentes grupos tentam estabelecer sua hegemonia. Nessa perspectiva, o currículo é um artefato cultural em pelo menos dois sentidos: 1) a "instituição" do currículo é uma invenção social como qualquer outra; 2) o "conteúdo" do currículo é uma construção social. Como toda construção social, o currículo não pode ser compreendido sem uma análise das relações de poder que fizeram e fazem com que tenhamos esta definição determinada de currículo e não outra, que fizeram e fazem com que o currículo inclua um tipo determinado de conhecimento e não outro.

No primeiro sentido, uma análise da instituição "currículo" inspirada nos Estudos Culturais descreveria o currículo, de modo geral, como o resultado de um processo de construção social. Não estamos muito longe aqui da ideia que era central à "Nova Sociologia da Educação", de que o currículo é um artefato social como qualquer outro. Com os Estudos Culturais, essa compreensão é, entretanto, modificada e, ao mesmo tempo, radicalizada. Sob a influência do pós-estruturalismo, uma análise do caráter construído do currículo baseada nos Estudos Culturais enfatizaria o papel da linguagem e do discurso nesse processo de construção. Além disso, essa análise provavelmente adotaria uma concepção menos estrutural, menos centralizada, menos polarizada de poder. Finalmente, uma análise cultural não deixaria de destacar as estreitas conexões entre a natureza construída do currículo e a produção de identidades culturais e sociais.

No segundo sentido, uma perspectiva culturalista sobre currículo também procuraria descrever as diversas formas de conhecimento corporificadas no currículo como o resultado de um processo de construção social. Essa perspectiva procuraria incorporar ao currículo as diversas pesquisas e teorizações feitas no âmbito mais amplo dos Estudos Culturais – pesquisas que buscam focalizar as diversas formas de conhecimento como "epistemologias sociais". Nessa visão, o conhecimento não é uma revelação ou um reflexo da natureza ou da realidade, mas o resultado de um processo de criação e interpretação social. Não se separa o conhecimento supostamente mais objetivo das Ciências Naturais e o conhecimento supostamente mais interpretativo das Ciências Sociais ou das Artes. Todas as formas de conhecimento são vistas como o resultado dos aparatos – discursos, práticas, instituições, instrumentos, paradigmas – que fizeram com que fossem construídas como tais. As implicações dessa perspectiva não devem ficar restritas à análise. É possível pensar num currículo que enfatizasse precisamente o caráter construído e interpretativo do conhecimento.

Uma vantagem de uma concepção de currículo inspirada nos Estudos Culturais é que as diversas formas de conhecimento são, de certa forma, equiparadas. Assim como não há uma separação estrita entre, de um lado, Ciências Naturais e, de outro, Ciências Sociais e Artes, também não há uma separação rígida entre o conhecimento tradicionalmente considerado como escolar e o conhecimento cotidiano das pessoas envolvidas no currículo. Ao ver todo conhecimento como um objeto cultural, uma concepção de currículo inspirada nos Estudos Culturais equipararia, de certa forma, o conhecimento propriamente escolar com, por exemplo, o conhecimento explícita ou implicitamente transmitido através de anúncio publicitário. Do ponto de vista dos Estudos Culturais, ambos expressam significados social e culturalmente construídos, ambos buscam influenciar e modificar as pessoas, estão ambos envolvidos em complexas relações de poder. Em outras palavras, ambos os tipos de conhecimento estão envolvidos numa economia do afeto que busca produzir certo tipo de subjetividade e identidade social.

Assim como ocorre com o pós-modernismo, o pós-estruturalismo e o pós-colonialismo, a influência dos Estudos Culturais na elaboração de políticas de currículo e no currículo do cotidiano das salas de aula é mínima. A concepção de currículo implicada na ideia dos Estudos Culturais choca-se tanto com a compreensão de senso comum quanto com as concepções filosóficas sobre conhecimento dominantes no campo educacional. A epistemologia dominante é fundamentalmente realista: o conhecimento é algo dado, natural. O conhecimento é um objeto pré-existente: ele já está lá; a tarefa da pedagogia e do currículo consiste em simplesmente revelá-lo. Num mundo social e cultural cada vez mais complexo, no qual a característica mais saliente é a incerteza e a instabilidade; num mundo atravessado pelo conflito e pelo confronto; num mundo em que as questões da diferença e da identidade se tornam tão centrais, é de se esperar que a ideia central dos Estudos Culturais possa encontrar um espaço importante no campo das perspectivas sobre currículo.

Leituras

GIROUX, Henry. "Praticando Estudos Culturais nas faculdades de educação". In Tomaz Tadeu da Silva (org.). *Alienígenas na sala de aula. Uma introdução aos estudos culturais em educação*. Rio: Vozes, 1995: p.85-103.

HALL, Stuart. "A centralidade da cultura: notas sobre as revoluções de nosso tempo". *Educação e realidade*, 22(2), 1997: p.15-46.

SILVA, Tomaz T. da. (org.). *Alienígenas na sala de aula. Uma introdução aos estudos culturais em educação*. Rio: Vozes, 1995.

A pedagogia como cultura, a cultura como pedagogia

Uma das consequências da "virada culturalista" na teorização curricular consistiu na diminuição das fronteiras entre, de um lado, o conhecimento acadêmico e escolar e, de outro, o conhecimento cotidiano e o conhecimento da cultura de massa. Sob a ótica dos Estudos Culturais, todo conhecimento, na medida em que se constitui num sistema de significação, é cultural. Além disso, como sistema de significação, todo conhecimento está estreitamente vinculado com relações de poder. É dessa perspectiva que os Estudos Culturais analisam instâncias, instituições e processos culturais aparentemente tão diversos quanto exibições de museus, filmes, livros de ficção, turismo, ciência, televisão, publicidade, medicina, artes visuais, música... Ao abordá-los, todos, como processos culturais orientados por relações sociais assimétricas, a perspectiva dos Estudos Culturais efetua uma espécie de equivalência entre essas diferentes formas culturais.

Se é o conceito de "cultura" que permite equiparar a educação a outras instâncias culturais, é o conceito de "pedagogia" que permite que se realize a operação inversa. Tal como a educação, as outras instâncias culturais também são pedagógicas, também têm uma "pedagogia", também ensinam alguma coisa. Tanto a educação quanto a cultura em geral estão envolvidas em processos de transformação da identidade e da subjetividade. Agora a equiparação está completa: através dessa perspectiva, ao mesmo tempo que a cultura em geral é vista como uma pedagogia, a pedagogia é vista como uma forma cultural: o cultural torna-se pedagógico e a pedagogia torna-se cultural. É dessa perspectiva que os processos escolares se tornam comparáveis aos processos de sistemas culturais extraescolares, como os programas de televisão ou as exposições de museus, por exemplo, para citar duas instâncias praticamente "opostas".

Da perspectiva da teoria curricular, poderíamos dizer que as instituições e instâncias culturais mais amplas também têm um currículo. É óbvio que elas não têm um currículo no sentido mais restrito de que tenham um objetivo planejado de ensinar um certo corpo de conhecimentos, embora isso até ocorra em alguns casos, como nos programas da televisão educativa ou nas visitas a museus, por exemplo. Na medida em que não têm um currículo explícito, tampouco poderíamos dizer que têm um currículo oculto. Sem ter o objetivo explícito de ensinar, entretanto, é óbvio que elas ensinam alguma coisa, que transmitem uma variedade de formas de conhecimento que embora não sejam reconhecidas como tais são vitais na formação da identidade e da subjetividade. Poderíamos listar o que se aprende vendo, por exemplo, um noticiário ou uma peça de publicidade na televisão. Do ponto de vista pedagógico e cultural, não se trata simplesmente de informação ou entretenimento: trata-se, em ambos os casos, de formas de conhecimento que influenciarão o comportamento das pessoas de maneiras cruciais e até vitais.

O currículo e a pedagogia dessas formas culturais mais amplas diferem, entretanto, da pedagogia e do currículo escolares, num aspecto importante. Pelos imensos recursos econômicos e tecnológicos que mobilizam, por seus objetivos – em geral – comerciais, elas se apresentam, ao contrário do currículo acadêmico e escolar, de uma forma sedutora e irresistível. Elas apelam para a emoção e a fantasia, para o sonho e a imaginação: elas mobilizam uma economia afetiva que é tanto mais eficaz quanto mais é inconsciente. É precisamente a força desse investimento das pedagogias culturais no afeto e na emoção que tornam seu "currículo" um objeto tão fascinante de análise para a teoria crítica do currículo. A forma envolvente pela qual a pedagogia cultural está presente nas vidas de crianças e jovens não pode ser simplesmente ignorada por qualquer teoria contemporânea do currículo.

É precisamente para a análise dessa pedagogia ou desse currículo cultural que se têm voltado autoras e autores que, de certa forma, inauguram aquilo se poderia chamar de "crítica cultural do currículo". É o caso de Roger Simon, Henry Giroux, Joe Kincheloe e Shirley Steinberg, por exemplo. Henry Giroux, particularmente, tem se voltado, cada vez mais, para a análise da pedagogia da mídia. Suas análises dos filmes produzidos pela Disney, por exemplo, problematizam a suposta inocência e o caráter aparentemente inofensivo e até benigno das produções culturais da poderosa Disney para o público infantil. Em filmes como *A pequena sereia* ou *Aladim*, por exemplo, Giroux vê uma pauta pedagógica carregada de pressupostos etnocêntricos e sexistas que, longe de serem inocentes, moldam as identidades infantis e juvenis de forma bem particular. De forma similar, Joe Kincheloe analisa as peças publicitárias da McDonald's para flagrar aí imagens e representações que celebram os valores mais conservadores de uma suposta e tradicional "família americana". Shirley Steinberg vai analisar os valores morais e sociais contidos no currículo cultural de um artefato talvez ainda mais insuspeito: a boneca Barbie. Ela chama de "*kindercultura*" essa indústria cultural voltada para o público infantil.

É curioso observar que a permeabilidade e a interpenetração entre as pedagogias culturais mais amplas e a pedagogia propriamente escolar têm sido exploradas pelas próprias indústrias culturais que estendem, cada vez mais, seu currículo cultural para o currículo propriamente dito. Assim, a Mattel, empresa que fabrica a boneca Barbie, desenvolveu todo um currículo de história dos Estados Unidos, a qual é narrada precisamente através – de quem mais? – da boneca Barbie (presumivelmente também através do Ken). Da mesma forma, empresas como a Disney e a McDonald's têm "adotado" escolas *públicas* que, de uma forma ou outra, são obrigadas a moldar seu currículo de acordo com materiais fornecidos por estas empresas. Não é difícil imaginar quais seriam as noções de nutrição que seriam ensinadas às crianças a partir da perspectiva da McDonald's ou as noções sobre conservação do meio ambiente desenvolvidas a partir da perspectiva e dos interesses de uma companhia petrolífera. Essa indistinção, estimulada pela própria indústria cultural, torna, assim, menos estranha a ideia, sustentada por uma teoria curricular inspirada nos Estudos Culturais, de examinar a indústria cultural como uma forma de pedagogia cultural.

O que caracteriza a cena social e cultural contemporânea é precisamente o apagamento das fronteiras entre instituições e esferas anteriormente consideradas como distintas e separadas. Revoluções nos sistemas de informação e comunicação, como a Internet, por exemplo, tornam cada vez mais problemáticas as separações e distinções entre o conhecimento cotidiano, o conhecimento da cultura de massa e o conhecimento escolar. É essa permeabilidade que é enfatizada pela perspectiva dos Estudos Culturais. A teoria curricular crítica vê tanto a indústria cultural quanto o currículo propriamente escolar como artefatos culturais – sistemas de significação implicados na produção de identidades e subjetividades, no contexto de relações de poder. A crítica curricular torna-se, assim, legitimamente, também crítica cultural.

Leituras

GIROUX, Henry. "Memória e pedagogia no maravilhoso mundo da Disney". In Tomaz Tadeu da Silva (org.). *Alienígenas na sala de aula. Uma introdução aos estudos culturais em educação*. Rio: Vozes, 1995: p.132-58.

GIROUX, Henry. "A disneyzação da cultura infantil". In Tomaz T. da Silva e Antonio F. Moreira (orgs.). *Territórios contestados. O currículo e os novos mapas políticos e culturais*. Petrópolis: Vozes, 1995: p.49-81.

GIROUX, Henry e SIMON, Roger. "Cultura popular e pedagogia crítica: a vida cotidiana como base para o conhecimento curricular". In Antonio F. B. Moreira e Tomaz T. da Silva (orgs.). *Currículo, sociedade e cultura*. São Paulo: Cortez, 1999: p.93-124.

KINCHELOE, Joe L. "McDonald's, poder e criança: Ronald McDonald faz tudo por você". In SILVA, Luiz Heron et alii (orgs.). *Identidade social e a construção do conhecimento*. Porto Alegre: Secretaria Municipal de Educação, 1997: p.69-97.

SIMON, Roger. "A pedagogia como uma tecnologia cultural". In Tomaz Tadeu da Silva (org.). *Alienígenas na sala de aula. Uma introdução aos estudos culturais em educação*. Rio: Vozes, 1995: p.61-84.

STEINBERG, Shirley. "Kindercultura: a construção da infância pelas grandes corporações". In SILVA, Luiz Heron et alii (orgs.). *Identidade social e a construção do conhecimento*. Porto Alegre: Secretaria Municipal de Educação, 1997: p.98-145.

IV. DEPOIS DAS TEORIAS CRÍTICAS E PÓS-CRÍTICAS

Currículo: uma questão de saber, poder e identidade

A aparente disjunção entre uma teoria crítica e uma teoria pós-crítica do currículo tem sido descrita como uma disjunção entre uma análise fundamentada numa economia política do poder e uma teorização que se baseia em formas textuais e discursivas de análise. Ou ainda, entre uma análise materialista, no sentido marxista, e uma análise textualista. A cisão pode ser descrita ainda como uma cisão entre a hipótese da determinação econômica e a hipótese da construção discursiva; ou entre, de um lado, marxismo e, de outro, pós-estruturalismo e pós-modernismo. A tensão entre os conceitos de ideologia e de discurso, mesmo que eles se combinem em algumas análises, é uma demonstração dessa fratura no campo da teoria social crítica.

É preciso reconhecer que a chamada "virada linguística" pode nos ter levado a negligenciar certos mecanismos de dominação e poder que tinham sido detalhadamente analisados pela teoria crítica. Embora seja evidente que somos cada vez mais governados por mecanismos sutis de poder tais como os analisados por Foucault, é também evidente que continuamos sendo também governados, de forma talvez menos sutil, por relações e estruturas de poder baseadas na propriedade de recursos econômicos e culturais. O poder econômico das grandes corporações industriais, comerciais e financeiras não pode ser facilmente equacionado com as formas capilares de poder tão bem descritas por Foucault. De forma similar, o poder político e militar de nações imperiais como os Estados Unidos não pode ser facilmente descrito pela "microfísica" foucaultiana do poder.

É também verdade que a teorização pós-crítica tornou problemáticas certas premissas e análises da teoria crítica que a precederam. Assim, parece incontestável, por exemplo, o questionamento lançado às pretensões totalizantes das grandes narrativas. Não há como refutar, tampouco, a crítica feita tanto pelo pós-modernismo quanto pelo pós-estruturalismo ao sujeito autônomo e centrado das narrativas modernas. No campo mais especificamente educacional, os questionamentos feitos aos impulsos emancipatórios de certas pedagogias críticas, na medida em que estão fundamentados no pressuposto do retorno a algum núcleo subjetivo essencial e autêntico, dificilmente podem deixar de ser levados em consideração.

As teorias pós-críticas também estenderam nossa compreensão dos processos de dominação. Como procurei demonstrar em alguns dos tópicos deste livro, a análise da dinâmica de poder envolvida nas relações de gênero, etnia, raça e sexualidade nos fornece um mapa muito mais completo e complexo das relações sociais de dominação do que aquele que as teorias críticas, com sua ênfase quase exclusiva na classe social, nos tinham anteriormente fornecido. A concepção de identidade cultural e social desenvolvida pelas teorias pós-críticas nos tem permitido estender nossa concepção de política para muito além de seu sentido tradicional – focalizado nas atividades ao redor do Estado. A conhecida consigna "o pessoal também é político", difundido pelo movimento feminista, é apenas um exemplo dessa produtiva tendência.

Não se pode tampouco negar que a crítica feita pelas teorias pós-críticas ao conceito de ideologia tem ajudado a desfazer alguns dos embaraços do legado das teorias críticas. Particularmente, a oposição entre ideologia e ciência, que, explícita ou implicitamente, fazia parte da conceptualização do conceito de ideologia desenvolvido por várias vertentes marxistas, não pode, depois do pós-estruturalismo, ser tão facilmente sustentada. Depois do pós-estruturalismo e particularmente depois de Foucault, a oposição entre ciência e ideologia, fundamentada como é na oposição "verdadeiro-falso", simplesmente se desfaz. Nesse sentido, as teorias pós-críticas, ao contrário das acusações que lhes são feitas, ao deslocarem a questão da verdade para aquilo que é considerado verdade, tornam o campo social ainda mais politizado. A ciência e o conhecimento, longe de serem o outro do poder, são também campos de luta em torno da verdade. Parece, pois, inquestionável que, depois das teorias pós-críticas, a teoria educacional crítica não pode voltar a ser simplesmente "crítica".

O legado das teorias críticas, sobretudo aquele de suas vertentes marxistas, não pode, entretanto, ser facilmente negado. Não se pode dizer que os processos de dominação de classe, baseados na exploração econômica, tenham simplesmente desaparecido. Na verdade, eles continuam mais evidentes e dolorosos do que nunca. Se alguma coisa pode ser salientada no glorificado processo de globalização é precisamente a extensão dos níveis de exploração econômica da maioria dos países do mundo por um grupo reduzido de países nos quais se concentra a riqueza mundial. Nesse contexto, nenhuma análise textual pode substituir as poderosas ferramentas de análise da sociedade de classes que nos foram legadas pela economia política marxista. As teorias pós-críticas podem nos ter ensinado que o poder está em toda parte e que é multiforme. As teorias críticas não nos deixam esquecer, entretanto, que algumas formas de poder são visivelmente mais perigosas e ameaçadoras do que outras.

Ao questionar alguns dos pressupostos da teoria crítica de currículo, a teoria pós-crítica introduz um claro elemento de tensão no centro mesmo da teorização crítica. Sendo "pós", ela não é, entretanto, simplesmente superação. Na teoria do currículo, assim como ocorre na teoria social mais geral, a teoria pós-crítica deve se combinar com a teoria crítica para nos ajudar a compreender os processos pelos quais, através de relações de poder e controle, nos tornamos aquilo que somos. Ambas nos ensinaram, de diferentes formas, que o currículo é uma questão de saber, identidade e poder.

Depois das teorias críticas e pós-críticas do currículo torna-se impossível pensar o currículo simplesmente através de conceitos técnicos como os de ensino e eficiência ou de categorias psicológicas como as de aprendizagem e desenvolvimento ou ainda de imagens estáticas como as de grade curricular e lista de conteúdos. Num cenário pós-crítico, o currículo pode ser todas essas coisas, pois ele é também aquilo que dele se faz, mas nossa imaginação está agora livre para pensá-lo através de outras metáforas, para concebê-lo de outras formas, para vê-lo de perspectivas que não se restringem àquelas que nos foram legadas pelas estreitas categorias da tradição.

Com as teorias críticas aprendemos que o currículo é, definitivamente, um espaço de poder. O conhecimento corporificado no currículo carrega as marcas indeléveis das relações sociais de poder. O currículo é capitalista. O currículo reproduz – culturalmente – as estruturas sociais. O currículo tem um papel decisivo na reprodução da estrutura de classes da sociedade capitalista. O currículo é um aparelho ideológico do Estado capitalista. O currículo transmite a ideologia dominante. O currículo é, em suma, um território político.

As teorias críticas também nos ensinaram que é através da formação da consciência que o currículo contribui para reproduzir a estrutura da sociedade capitalista. O currículo atua ideologicamente para manter a crença de que a forma capitalista de organização da sociedade é boa e desejável. Através das relações sociais do currículo, as diferentes classes sociais aprendem quais são seus respectivos papéis nas relações sociais mais amplas. Há uma conexão estreita entre o código dominante do currículo e a reprodução de formas de consciência de acordo com a classe social. A formação da consciência – dominante ou dominada – é determinada pela gramática social do currículo.

Foi também com as teorias críticas que pela primeira vez aprendemos que o currículo é uma construção social. O currículo é uma invenção social como qualquer outra: o Estado, a nação, a religião, o futebol... Ele é o resultado de um processo histórico. Em determinado momento, através de processos de disputa e conflito social, certas formas curriculares – e não outras – tornaram-se consolidadas como *o* currículo. É apenas uma contingência social e histórica que faz com que o currículo seja dividido em matérias ou disciplinas, que o currículo se distribua sequencialmente em intervalos de tempo determinados, que o currículo esteja organizado hierarquicamente... É também através de um processo de invenção social que certos conhecimentos acabam fazendo parte do currículo e outros não. Com a noção de que o currículo é uma construção social aprendemos que a pergunta importante não é "quais conhecimentos *são* válidos?", mas sim "quais conhecimentos são *considerados* válidos?".

As teorias pós-críticas ampliam e, ao mesmo tempo, modificam aquilo que as teorias críticas nos ensinaram. As teorias pós-críticas continuam a enfatizar que o currículo não pode ser compreendido sem uma análise das relações de poder nas quais ele está envolvido. Nas teorias pós-críticas, entretanto, o poder torna-se descentrado. O poder não tem mais um único centro, como o Estado, por exemplo. O poder está espalhado por toda a rede social. As teorias pós-críticas desconfiam de qualquer postulação que tenha como pressuposto uma situação finalmente livre de poder. Para as teorias pós-críticas o poder transforma-se, mas não desaparece.

Nas teorias pós-críticas, o conhecimento não é exterior ao poder, o conhecimento não se opõe ao poder. O conhecimento não é aquilo que põe em xeque o poder: o conhecimento é parte inerente do poder. Em contraste com as teorias críticas, as teorias pós-críticas não limitam a análise do poder ao campo das relações econômicas do capitalismo. Com as teorias pós-críticas, o mapa do poder é ampliado para incluir os processos de dominação centrados na raça, na etnia, no gênero e na sexualidade.

Embora as teorias críticas sustentassem que o currículo é uma invenção social, elas ainda mantinham uma certa noção realista do currículo. Se a ideologia cedesse lugar ao verdadeiro conhecimento, o currículo e a sociedade seriam finalmente emancipados e libertados. Se pudéssemos nos livrar das relações de poder inerentes ao capitalismo, o conhecimento corporificado no currículo já não seria um conhecimento distorcido e espúrio. Com sua ênfase pós-estruturalista na linguagem e nos processos de significação, as teorias pós-críticas já não precisam da referência de um conhecimento verdadeiro baseado num suposto "real" para submeter à crítica o conhecimento socialmente construído do currículo. Todo conhecimento depende da significação e esta, por sua vez, depende de relações de poder. Não há conhecimento fora desses processos.

As teorias pós-críticas continuam enfatizando o papel formativo do currículo. Diferentemente das teorias críticas, entretanto, as teorias pós-críticas rejeitam a hipótese de uma consciência coerente, centrada, unitária. As teorias pós-críticas rejeitam, na verdade, a própria noção de consciência, com suas conotações racionalistas e cartesianas. Elas desconfiam também da tendência das teorias críticas a postular a existência de um núcleo subjetivo pré-social que teria sido contaminado pelas relações de poder do capitalismo e que seria libertado pelos procedimentos de uma pedagogia crítica. Para as teorias pós-críticas, a subjetividade é já e sempre social. Não existe, por isso, nenhum processo de libertação que torne possível a emergência – finalmente – de um eu livre e autônomo. As teorias pós-críticas olham com desconfiança para conceitos como alienação, emancipação, libertação, autonomia, que supõem, todos, uma essência subjetiva que foi alterada e precisa ser restaurada.

Em suma, depois das teorias críticas e pós-críticas, não podemos mais olhar para o currículo com a mesma inocência de antes. O currículo tem significados que vão muito além daqueles aos quais as teorias tradicionais nos confinaram. O currículo é lugar, espaço, território. O currículo é relação de poder. O currículo é trajetória, viagem, percurso. O currículo é autobiografia, nossa vida, *curriculum vitae*: no currículo se forja nossa identidade. O currículo é texto, discurso, documento. O currículo é documento de identidade.

Referências

Para não sobrecarregar o texto com o aparato acadêmico, as fontes das citações foram aqui reunidas, na ordem em que aparecem nos respectivos tópicos:

A citação de Bobbitt no tópico sobre as teorias tradicionais está em Callahan, 1962, p. 81. As perguntas de Tyler no mesmo tópico estão em Tyler, 1974, p. 1. Os textos de análise fenomenológica da educação coletados por Max van Manen, mencionados no tópico sobre os reconceptualistas, podem ser encontrados na página de van Manen na Internet, conforme referido abaixo. A citação de Paulo Freire sobre "conteúdos programáticos" no tópico sobre Freire e Saviani é retirada de Freire, 1973, p. 111 (com supressão de uma pequena expressão, não indicada). A citação de Schaffer no tópico sobre a "Nova Sociologia da Educação" é feita por Michael Young em Young, 1971, p. 27. A citação de Geoffrey Esland no mesmo tópico é retirada de Esland, 1971, p. 75. A citação de Bernstein no tópico respectivo é retirada de Bernstein, 1975, p. 85. O conceito de "justiça curricular" de Connell, referido no tópico sobre multiculturalismo, está em Connell, 1992, 1995. A origem da palavra gênero tal como utilizada na literatura feminista está descrita em Frank e Treichler, 1989, p. 11. O diálogo entre Cornel West e Jorge K. de Alba está em West e Alba, 1996. As citações de Deborah Britzman no tópico sobre pedagogia *queer* são retiradas de Britzman, 1995, p. 160, p. 156 e p. 159, respectivamente. A citação de Foucault no tópico sobre o pós-estruturalismo foi retirada de Foucault, 1994, p. 135 (não estão indicadas as supressões). A caricatura dos estruturalistas está descrita em Peters, 1996, p. 21. Uma reprodução dessa caricatura aparece na folha de rosto de Dosse, 1994. A referência ao filme *Sixguns and society*, no tópico sobre o pós-estruturalismo, é retirada de Storey, 1993, p. 74. Em vários capítulos, beneficiei-me da enciclopédica revisão da literatura estadunidense sobre currículo feita por Pinar et alii, 1995.

BERNSTEIN, Basil. Class, codes and control. volume 3. Londres: Routledge and Kegan Paul, 1975.

BRITZMAN, Deborah. "Is there a queer pedagogy? Or, stop reading straight". *Educational theory*, 1995, (45) 2: p.151-165.

CALLAHAN, R. E. *Education and the cult of efficiency*. Chicago: The University of Chicago Press, 1962.

CONNELL, Robert W. "Política educacional, hegemonia e estratégias de mudança social". *Teoria e educação*, 5, 1992: p.66-80.

CONNELL, Robert W. "Justiça, conhecimento e currículo na educação contemporânea". In Luiz H. da Silva e José C. de Azevedo (orgs.). *Reestruturação curricular. Teoria e prática no cotidiano da escola*. Petrópolis: Vozes, 1995: p.11-35.

DOSSE, François. *História do estruturalismo*. Campinas: Ensaio, 1994.

DREEBEN, Robert. *On what is learned in school*. Reading, Massachusetts: Addison-Wesley, 1968.

ESLAND, Geoffrey M. "Teaching and learning as the organization of knowledge". In Michael Young. *Knowledge and control*. Londres: Macmillan, 1971: p.70-115.

FOUCAULT, Michel. "Prefácio à edição em língua inglesa de Gilles Deleuze e Félix Guattari. Anti-oedipus: capitalism and schizophrenia. Nova York: Viking Press, 1977". In Michel Foucault. *Dits et écrits*. v. 3. Paris: Gallimard, 1994: p.133-6.

FRANK, Francine W. e TREICHLER, Paula A. *Language, gender, and professional writing*. Nova York: Modern Language Association of America, 1989.

FREIRE, Paulo. *Pedagogía del oprimido*. Buenos Aires: Siglo XXI, 1973. 10ª ed.

JACKSON, Philip. *Life in classrooms*. Nova York: Holt, Rinehart and Winston, 1968.

MAGER, Robert F. *Análise de objetivos*. Porto Alegre: Globo, 1977.

MANEN, Max van. *Textorium*. Página da Internet: http://www.ualberta.ca/~vanmanen/textorium.html.

PETERS, Michael. *Poststructuralism, politics and education*. Westport: Bergin and Garvey, 1996.

PINAR, William F. *Understanding curriculum*. Nova York: Peter Lang, 1995.

STOREY, John. *An introductory guide to cultural theory and popular culture*. Athens: University of Georgia Press, 1993.

TYLER, Ralph W. *Princípios básicos de currículo e ensino*. Porto Alegre: Globo, 1974.

WEST, Cornel e ALBA, Jorge K. de. "Our next race question. The uneasiness between blacks and Latinos". *Harper's*, abril 1996, 292 (1751): p.55-63.

WILLIS, Paul. *Aprendendo a ser trabalhador. Escola, resistência e reprodução social*. Porto Alegre: Artes Médicas, 1991.

YOUNG, Michael. *An approach to the study of curricula as socially organized knowledge*. In Michael Young. *Knowledge and control*. Londres: Macmillan, 1971: p.19-46.

A capa reproduz, em primeiro plano, a pintura "A professora" e, em segundo plano, a pintura "Jesus – Sereno", ambas de Marlene Dumas. Marlene Dumas nasceu em 1953 na África do Sul e vive, desde 1976, em Amsterdam, Holanda.

"Eu pinto porque sou uma mulher desordenada. A pintura é uma coisa desarrumada. Ela jamais poderá ser um meio conceitual. Quanto mais "conceitual" ou limpa for a arte, mais a cabeça poderá ser separada do corpo [...]. A pintura diz respeito ao traço do toque humano. Diz respeito à epiderme de uma superfície. Uma pintura não é um cartão postal. O conteúdo da pintura não pode ser separado da sensação de sua superfície."

"Há uma crise da Representação. Eles estão procurando pelo Significado como se ele fosse uma coisa. Como se fosse uma garota obrigada a tirar sua calcinha, como se ela quisesse fazê-lo, assim que aparecesse o verdadeiro intérprete. Como se houvesse alguma coisa para tirar."

Marlene Dumas

O autor

Tomaz Tadeu da Silva é professor do Programa de Pós-Graduação em Educação da Universidade Federal do Rio Grande do Sul. Pertence ao Conselho Editorial das revistas *Curriculum Studies*; *Journal of Education Policy*; *Discourse* e *Heuresis*. É autor dos livros *O que produz e o que reproduz em educação* (Artes Médicas); *Identidades terminais* (Vozes); *Escuela, conocimiento y curriculum* (Miño y Dávila) e *Cultura, política y curriculum* (com Michael Apple e Pablo Gentili; Losada). Organizou os seguintes livros: *Teoria educacional crítica em tempos pós-modernos* (Artes Médicas); *Alienígenas na sala de aula* (Vozes); *O sujeito da educação* (Vozes); *Liberdades reguladas* (Vozes); *Neoliberalismo, qualidade total e educação* (com Pablo Gentili; Vozes); *Currículo, cultura e sociedade* (com Antonio Flavio Moreira; Cortez); *Escola S. A.* (com Pablo Gentili; CNTE); *Territórios contestados* (com Antonio Flavio Moreira; Vozes).

Este livro foi composto com tipografia Gill Sans e
impresso em papel Off-White 80 g/m² na Formato Artes Gráficas.